ÉCOLE NORMALE SUPÉRIEURE DE FONTENAY — S

CRÉDIF

CENTRE DE RECHERCHE ET D'ÉTUDE POUR LA DIFFUSION [

ARCHIPEL 2

UNITÉS 8 à 12

Cahier d'exercices

Sabine RAILLARD

crédif

Remarques générales

• *Les expressions familières, parlées ou argotiques sont toujours entre guillemets.*

• *Le signe* ✳ *indique les exercices corrigés en fin d'ouvrage.*

• *Le signe* G *indique les exercices de type grammatical.*

Photocomposition : Touraine Compo

© Les Éditions Didier, Paris, 1986

Printed in France   ISBN : 2-278-03666-1

Avant-propos

Les exercices de ce livret font suite à ceux du cahier d'ARCHIPEL 1 et suivent, en l'élargissant, la progression fonctionnelle et grammaticale des **unités 8 à 12.** Ils peuvent être *faits en classe ou à la maison et utilisés avec n'importe quelle méthode.* C'est le plus souvent à un *travail de conceptualisation* que les apprenants ont ici affaire : il s'agit pour l'enseignant de les conduire à découvrir une règle, un fonctionnement puis à les amener à être capables d'expliciter ces derniers.

Il est intéressant d'observer que vers la deux centième heure d'apprentissage (parfois plus tard pour certains groupes linguistiques), l'apprenant va manifester des besoins différents. Autant, lors d'ARCHIPEL 1, il acceptait de mémoriser globalement des énoncés sans obligatoirement en comprendre le découpage morphosyntaxique, autant, lors d'ARCHIPEL 2, il va devenir curieux des modes de fonctionnement et désireux de connaître la grammaire.

La démarche globale d'ARCHIPEL 2 va donc différer de celle d'ARCHIPEL 1 : à la mémorisation des dialogues vient se substituer un besoin plus grand de conceptualisation. Si l'enseignant ne répond pas à cette demande *il risque de freiner les élèves dans leur dynamisme d'apprentissage.*

Il est bien entendu que les exercices de ce cahier doivent alterner avec l'étude des dialogues, des canevas et des documents authentiques de la méthode sans jamais précéder ceux-ci. Ces exercices s'inscrivent dans un processus communicatif. Ainsi, tout énoncé — dans les exercices grammaticaux en particulier — doit-il être réinséré dans une situation ou un contexte. L'énoncé seul en soi n'est pas intéressant.

Le travail dans ARCHIPEL 2 va amener les apprenants à une implication psychologique et à une grande *authenticité culturelle* : ils ont désormais les moyens linguistiques de décrire cet écart et il est intéressant de les laisser exprimer cette *différence*. Travailler sur la langue-culture étrangère va consister à leur faire faire un travail qu'ils n'ont en général jamais réalisé dans leur langue maternelle : ils auront un recul à prendre par rapport à celle-ci, quitte à développer en langue française une habileté d'expression qu'ils n'ont pas obligatoirement dans leur langue de départ (par exemple : les outils de l'argumentation). Travailler sur les outils de la langue-culture cible, ce sera donc mettre les apprenants dans une *perspective évolutive.*

Mais, s'en tenir à des exercices seuls, c'est maintenir les apprenants au premier palier du travail, c'est-à-dire au « comment faire » dans la langue cible : c'est donc les priver d'une information fondamentale concernant la culture car il ne suffit pas, par exemple, de savoir comment on peut refuser une invitation dans la vie quotidienne, il faut aussi analyser comment la culture et la littérature-cible le font.

L'*étude des textes littéraires,* liés à la fonction principale de l'unité, demande une intelligence des référents culturels. La prise de conscience de la différence peut amener l'apprenant à porter des jugements de valeur et à rejeter la langue-culture cible. L'objectivation de ces résistances par l'enseignant permet la mise en lumière des traits de culture. Le plus important n'est pas de surmonter ces résistances, mais de les identifier. L'enseignant n'a pas à prendre parti : il prend acte. L'objectivité reste une attitude qui peut et doit s'éduquer dans la classe de langue : cela consiste à faire un travail sur soi et à se mettre dans la perspective évolutive mentionnée plus haut.

Le passage à un niveau avancé comporte un virage qui introduit un **changement de méthodologie.** L'enseignant doit tenir compte de ce fait et passer de l'approche globale à l'étude des relations logiques, de l'argumentation, de la forme passive, des nominalisations, etc. La découverte de l'expression de la *subtilité* va renouveler la motivation des apprenants. Le plaisir de l'*exactitude* dans la communication accompagné du plaisir de se poser en tant que sujet parlant va leur permettre de se situer face à des problèmes existentiels. La stylistique rejoint alors le ludique et le goût pour la nuance.

MÉTHODOLOGIE

Les exercices de ce cahier sont à pratiquer pendant ou après le travail de chaque unité. On observera que les dialogues précèdent la prise de conscience de l'acte de parole ou de la règle grammaticale. Par cette démarche, l'apprenant peut découvrir seul la nouveauté ou la difficulté à étudier. On peut procéder ainsi :
- *Lecture du dialogue* (éventuellement mémorisation et jeu).
- *Repérage de l'acte de parole* en utilisant la rubrique « comment ».
- *Pratique de l'exercice* avec utilisation du corpus d'« Un Niveau-Seuil ».
- *Pratique des exercices d'application.*

L'apport d'un certain *métalangage* est désormais nécessaire. S'il a pu être facile de s'en passer dans ARCHIPEL 1, il va devenir indispensable dans ARCHIPEL 2. L'enseignement veillera à donner des termes simples en évitant de s'enfermer dans la terminologie propre à telle ou telle école linguistique.

Les exercices ci-après, conçus dans l'esprit d'ARCHIPEL, doivent inciter les enseignants à élaborer d'autres exercices tout en conservant une approche communicative et une liberté d'interaction entre les apprenants. Il est souhaitable de maintenir le **travail par groupes** afin de toujours mieux solliciter la motivation des élèves et de donner la parole à chacun.

Sabine RAILLARD.

Nous tenons à remercier Mesdames Janine Courtillon et Michèle Garabédian de leurs précieux conseils.

Unité 8
Le passé, c'était hier...

109. Au plaisir de Dieu

A   *Lisez ce texte :*

Le narrateur appartient à une vieille famille aristocratique de province. Il raconte la vie quotidienne dans le château de famille.

L'horloger de Roussette venait une fois par semaine. Tous les châteaux du monde, en Écosse, et dans les Karpates, en Bohême ou dans le val de Loire, s'enorgueillissent toujours de trois cent soixante-cinq chambres. Plessis-les-Vaudreuil aussi avait trois cent soixante-cinq chambres. Ou à peu près. Nous n'avions jamais compté. Il y avait une pendule dans chaque chambre, huit pendules dans les salons, deux pendules dans le billard, six pendules dans les bibliothèques. Et je ne parle que pour mémoire des cartels et des régulateurs. M. Machavoine venait tous les samedis de Roussette pour remonter les pendules. Pourquoi le samedi? Pour permettre aux pendules de sonner toutes ensemble le dimanche à midi. Le dimanche à midi moins deux, mon grand-père, de retour de la grand-messe − que nous écrivions encore grand'messe −, s'installait dans un des salons où le doyen[1] Mouchoux, invité tous les dimanches à déjeuner et à dîner, ne tarderait pas à le rejoindre dans sa vieille soutane verdie par les années, alléché non pas encore par les pets-de-nonne[2] réservés pour le soir, mais par le poulet à la crème du dimanche matin. Pour bien montrer qu'il n'avait rien d'un maniaque, mon grand-père changeait volontiers de fauteuil, et même de salon. Il tirait de son gousset la montre d'or que son arrière-grand-père avait donnée à son grand-père le jour de ses vingt et un ans. Et il attendait. A midi, toutes les horloges du château se mettaient à sonner en même temps. A midi et une minute, mon grand-père remettait dans sa poche la montre de son grand-père, et il se replongeait dans l'*Action française*[3] ou dans les *Mémoires* du duc de Saint-Simon ou encore dans *Le Congrès de Vérone* de M. de Chateaubriand. Parfois, à midi trois ou quatre, mon grand-père était tiré de sa lecture par la sonnerie tardive d'une horloge. Alors, par un valet de pied, il faisait appeler M. Desbois pour qu'il en parle à M. Machavoine.

Jean d'Ormesson de l'Académie française, Au Plaisir de Dieu,
« Folio », Gallimard.

1. **Le doyen** : le curé.

2. **Les pets-de-nonne** : beignets.

3. L'*Action française* : journal quotidien qui a paru de 1908 à 1944 et dont le principal animateur était Charles Maurras. Le terme désigne aussi un mouvement de droite lié au catholicisme français de la première moitié du XXe siècle.

*Le lieu où se déroule l'action d'*Au Plaisir de Dieu : *le château de Saint-Fargeau dans l'Yonne.*

B *Complétez le dialogue suivant :*

LA GRAND-MÈRE. – Quand j'étais jeune, j'étais blonde..............

LA PETITE FILLE. – Tu...?

LA GRAND-MÈRE. – J'étais très sérieuse..

LA PETITE FILLE. – Les garçons..?

LA GRAND-MÈRE. – En ce temps-là..

LA PETITE FILLE. – Oui mais...

---

110. Savez-vous exprimer l'antériorité?

G

■ **Comment**

• *Exprimer l'antériorité :*
– Il est parti avant la fin du film.
– Elle est rentrée avant qu'il pleuve.
– Laisse-moi de l'argent avant de partir.
– Je serai parti quand il arrivera.
– Je venais d'arriver quand le train est parti.
– Tu es déjà venu ici?

A *Complétez les phrases suivantes :*

Pour être sûr de voir la pièce de théâtre / réserver des places à l'avance.

▶ **Pour être sûr de voir la pièce, j'avais réservé des places à l'avance.**

1. Pour être sûr qu'il serait bien chez lui..............................

....

2. Ils m'ont offert à dîner, mais...

....

3. Quand j'ai voulu regarder l'heure, je me suis aperçu que...........

....

4. Quand je suis rentré du bureau hier, mes enfants..................

....

5. Un copain est passé me prendre pour aller à la piscine, mais.......

....

6. Je n'ai pas retrouvé les croquis que..................................

....

B *Répondez en exprimant l'ignorance et en proposant une explication.* (Je ne savais pas que, on ne m'avait pas dit que.)

1. Pourquoi est-ce que tu n'es pas venu me voir à l'hôpital?

....

2. Pourquoi est-ce que tu ne l'as pas félicitée?

....

Histoire
Le jour de mon mariage quand il a fallu que nous échangions nos alliances, je me suis aperçu que je les avais oubliées à la maison. Mes parents ont prêté les leurs. Ça a fait toute une histoire. Les gens sont superstitieux.

3. Pourquoi as-tu eu une contravention?

....

4. Pourquoi a-t-il eu des ennuis avec les voisins quand il a reçu ses copains?

....

111. Savez-vous exprimer une restriction ou un regret?

Tout irait pour le mieux si (mon fils être malade).
▶ **Tout irait pour le mieux si mon fils n'était pas malade.**

Complétez les phrases suivantes :

1. Tout irait pour le mieux si (le chauffage marcher).

....

2. Tout irait pour le mieux si (je, ne pas avoir le pied dans le plâtre).

....

3. Tout irait pour le mieux si (je, avoir de l'argent).

....

4. Tout irait pour le mieux si (le médecin me permettre de sortir).

....

5. Tout irait pour le mieux si (ne pas falloir une heure de train pour venir au bureau).

....

6. Tout irait pour le mieux si (le dollar être plus haut).

....

112. Savez-vous mettre en relief?

A *Lisez ce texte :*

Daniel Olbrychski et Zsuzsa Gzinkoczi dans Journal intime.

CINÉMA – Libre opinion
A propos d'un chef-d'œuvre :
Journal intime, un film de Marta Meszaros

Ce qui est exaspérant chez les Parisiens, c'est leur snobisme et leur instabilité en matière de goûts artistiques. Ils ont des dadas. Ils s'emballent pour certains films et passent complètement à côté de petits chefs-d'œuvre. Je suis allé voir récemment *Journal intime :* Champs-Élysées, petite salle, samedi soir. Dix personnes sortent de la séance de six heures. Quinze personnes entrent pour la séance de huit heures. Le film a tenu quinze jours.

Ce qui m'a plu dans ce film, c'est la sincérité du ton, la vigueur de l'émotion. Ce qui est intéressant, c'est de voir qu'en Hongrie, de nos jours, il se raconte des chroniques qui ont un son étrangement contemporain. Ce qui émeut dans cette histoire, c'est l'aspect semi-autobiographique (comme Juli, son héroïne, Marta Meszaros a vécu sa petite enfance en URSS. Comme celui de Juli, son père était sculpteur. Comme lui, il a été victime des purges staliniennes en 1938).

Ce que je ne pardonne pas au public parisien, c'est que lorsque le film repassera dans un an ou dans trois, il fera la queue pour le voir et criera au chef-d'œuvre.

Formulez un avis sur cet article, et ce qu'il dit des réactions du public parisien.

B *Complétez les énoncés suivants :*

– Ce qui m'a frappé, c'est ....

– Ce que j'ai aimé, c'est ....

– Ce dont je me souviens, c'est ....

– Ce qui est intéressant, c'est ....

– Ce qui me décourage, c'est ....

– Ce qui est effrayant, c'est ....

– Ce qui « m'écœure », c'est ....

– Ce que je ne supporte pas, c'est ....

– Ce que je constate ....

G

✳

C *Mettez en relief :*

> – Moi, l'histoire m'intéresse dans ce livre, pas le style, ni la psychologie des personnages.
> – Alors qu'est-ce qui t'intéresse ?
> ▶ – *Ce qui* **m'intéresse dans ce livre,** *c'est* **l'histoire.**
>
> – On ne t'a pas vu(e) depuis longtemps. Tu écris, c'est bien, mais on veut que tu viennes, que *tu viennes*.
> ▶ – *Ce qu'*on veut, *c'est que* **tu viennes.**
>
> – Je suis crevé. Je travaille soixante heures par semaine. J'ai besoin d'une semaine de repos, tu entends ? Je dis bien, une semaine de repos.
> ▶ – *Ce dont* **j'ai besoin,** *c'est d'***une semaine de repos.**

Mettez votre point de vue ou votre désir en relief en transmettant les messages suivants :

1. Vous donnez un conseil à un jeune joueur de tennis.

....

2. Vous rentrez d'un long voyage en avion. Vous avez un grand décalage horaire. Vous n'avez pas très envie de raconter votre voyage parce que vous êtes fatigué.

....

3. On vous interviewe dans la rue sur le bonheur des citoyens :
– Qu'est-ce qui est important à vos yeux, le bonheur ou la réussite professionnelle ?

....

4. Vous débarquez chez des relations dans un pays étranger. Vous êtes avec une copine. On vous prête appartement, voiture, argent, etc. Votre copine trouve cela naturel et évident mais pas vous. Elle ne se rend pas compte de la gentillesse des gens. .

....

> « *Ce qui m'intéresse, ce n'est pas le bonheur de tous les hommes, c'est celui de chacun.* »
> Boris Vian (1920-1959),
> *L'écume des jours.*

113. Savez-vous exprimer une opposition avec : *alors que* ?

■ **Comment**

• *Exprimer l'opposition :*
- Il essaye, *mais* il n'y arrive pas.
- J'ai attrapé froid et *pourtant* j'avais mis un gros pull.
- Je n'étais pas invité, j'y suis allé *quand même*.
- Il n'a pas pu réussir *malgré* ses efforts.
- La chaleur ne l'a pas *empêché* de gagner.
- *Toutefois, cependant.*
- *J'ai eu beau* insister, il n'a pas voulu.

A *Lisez ce dialogue :*

« C'est pas sérieux »

- Tu sors encore alors que tu t'es couché tard hier?
- Demain c'est dimanche, je me rattraperai[1].
- Pourtant, tu m'avais promis...
- Tu ne peux pas m'empêcher de danser un samedi soir?
- Malgré ton travail et tes examens la semaine prochaine?
- Je sors quand même.
- De toute façon, j'aurais beau te retenir...

Relevez ce qui indique l'opposition dans ce dialogue.

B *Exprimez une opposition avec* **alors que** *(On peut avoir un ou deux sujets dans la phrase.)*

▶ Tu n'arrêtes pas d'acheter des pulls **alors que** tu en as plein[2].

1. Vous faites vraiment du bruit alors que ....

....

2. Il m'accuse de dépenser trop d'argent alors que ....

....

3. Ils ont refusé d'aller au cinéma alors que ....

....

4. Vous restez enfermés alors que ....

....

5. Vous regardez un « navet »[3] sur la 2 alors que ....

....

6. Il a fait des cadeaux à tout le monde à Noël alors que.......................

....

C *Exprimez l'opposition à votre manière. Construisez des phrases :*

1. Travail, travailler / échouer à son examen.

....

2. Défense, défendre de sortir / aller au cinéma.

....

3. Froid, faire froid / sortir se promener.

....

4. Faim, avoir faim / continuer à marcher.

....

---

1. **Se rattraper :** regagner le temps perdu.
2. **En avoir plein :** en avoir beaucoup.
3. **Un navet :** un mauvais film.

114. Savez-vous verbaliser vos opinions et vos appréciations?

■ Comment

• *Traduire votre sentiment dans votre discours :*
Faire semblant de, se faire passer pour, faire croire que, prétendre que, faire exprès de, exagérer, faire marche arrière, se rétracter, éluder une question, se compromettre ou s'engager sur un sujet, « se mouiller », être embarrassé (ennuyé, gêné, exaspéré, alarmé par), essayer de convaincre, ménager son auditoire (soutenu), taper du poing sur la table pour dire que, oser insinuer, s'insurger contre, se prononcer en faveur de / contre, passer sous silence, sembler craindre, appréhender, accuser, menacer, prendre parti pour, s'indigner.

A *Lisez le dialogue 2 d'Archipel 2 « Moi de mon temps » (page 28) et racontez votre version des événements.*
Vous pouvez être choqué(e) par la demande de l'enfant ou au contraire être tolérant(e). Il est important que votre attitude personnelle apparaisse dans votre récit. Vous pouvez être témoin de la scène ou être l'un des personnages du dialogue.

....

....

....

....

....

B *Écrivez un court article pour un journal de parents d'élèves déplorant le fait que les enfants commencent très jeunes à fumer et que les professeurs les laissent faire.*

....

....

....

....

....

115. Savez-vous rapporter un discours?

■ Comment

• *Rapporter un discours :*
– Il viendra
  Il a dit qu'il viendrait
– Il vient
  Il a dit qu'il venait
– Il est venu
  Il a dit qu'il était venu
– Il lui a rappelé que
– Il a déclaré que
– Il a exprimé sa conviction que
– Il a émis l'opinion que
– Il a laissé entendre que
– Il a souligné que
– Il a insisté sur le fait que
– Il a affirmé que
– Il a rétorqué que

A *Poursuivez ces dialogues :*

    – Il faut une heure pour aller de Paris à Rouen et le train est confortable.
    – Qu'est-ce qu'il a dit?
▶ – **Il a dit qu'il fallait une heure pour aller de Paris à Rouen et que le train était confortable.**

1. – Julie, as-tu pensé à couper les compteurs et à fermer les volets?
   – Tu m'as demandé quelque chose, excuse-moi, j'étais occupée.

  – ....

2. – Je dois prendre un train à 8 heures 45 et je suis en retard.
   – Qu'est-ce que tu as dit?

  – ....

3. – Il nous a fallu deux jours à la voile pour aller d'Antibes à l'île d'Elbe.
   – Pardon? Qu'est-ce que vous avez dit?

  – ....

4. Il faudrait faire réparer cette télévision en atelier. Ça va coûter cher.
   – Qu'est-ce que le réparateur a dit?

  – ....

5. – Je n'ai pas pu joindre Pierre hier soir, mais je l'ai eu ce matin au
   téléphone.
   – Qu'est-ce que cette personne a dit?

   – ....

B *Lisez ce dialogue :*

Absence

– Qu'est-ce que Jean a dit quand tu lui as dit que tu ne viendrais pas?
– Il a dit qu'il était désolé.
– Tu lui as dit que Martine non plus ne venait pas?
– Il a réagi en disant que nous exagérions.
– Il a deviné ce qui vous empêchait de venir?
– Il a compris que ce n'était pas la peine d'insister.

Imaginez un dialogue entre Jean et ce jeune homme.

---

116. Savez-vous faire un reproche?

■ **Comment**

• *Reprocher :*
– Tu n'aurais pas dû faire cela.
– Je vous reproche d'avoir fait cela.
– Je ne suis pas d'accord.
– A votre place, je n'aurais pas fait
  cela.
– Il ne fallait pas faire cela.
– Je me demande comment vous
  avez pu faire cela.
– Comment avez-vous osé faire cela?
– Vous êtes impardonnable.
– C'est inadmissible.
– C'est scandaleux.
– Vous avez un de ces « culots »
  (argotique), un de ces toupets.
– Vous avez du « culot », du toupet.

A *Lisez ce dialogue :*

Quand même tu as du toupet

– J'ai demandé à Olivier de me prêter son chalet pour les vacances.
– Comment as-tu osé faire cela?
– C'est normal, la maison serait restée fermée.
– A ta place, je ne l'aurais pas fait, c'est indiscret.
– Du reste, il a refusé.
– C'est normal, il ne fallait pas lui demander comme ça.
– Moi, je trouve qu'entre amis on doit tout partager.
– Tu as un de ces « culots »!

B *Écrivez une lettre de reproche* à un(e) petit(e) ami(e) qui a flirté toute une soirée avec quelqu'un d'autre. Vous êtes tellement jaloux que vous n'avez pas le courage de téléphoner.

....

....

....

....

....

....

....

....

....

....

C *Savez-vous faire un reproche ou exprimer un regret avec le verbe pouvoir ?*

> Votre gardienne n'avait pas prévenu qu'il y aurait des coupures d'eau pendant toute la journée.
>
> ▶ – ***Vous auriez pu* nous prévenir quand même.**

1. Des amis vous reprochent de ne pas avoir demandé de nouvelles.

....

2. Il est dix heures et demie. On ne vous avait pas dit que votre rendez-vous de dix heures était arrivé.

....

3. Vous avez été cambriolé(e). Vous reprochez à votre conjoint de ne pas avoir d'assurance contre le vol.

....

4. Vous êtes allé(e) au théâtre avec des amis. C'est vous qui aviez pris les places et ils ne vous ont pas remboursé(e). Vous êtes amer(e).

....

5. Le gouvernement précédent n'a pas tenu ses promesses.

....

D *Imaginez une situation ou une lettre* dans lesquelles vous pouvez réemployer la phrase : « *Tu aurais quand même pu y penser,* »

Annie Girardot et Christian Marquand dans La Proie pour l'ombre, *un film d'Alexandre Astruc.*

E *Trouvez la remarque complémentaire à chacune des situations suivantes :*

> Vous n'avez rien mangé à midi.
>
> ▶ – **Tu aurais dû déjeuner.**

1. ☐ Vous n'êtes pas allé dîner chez des amis qui vous avaient invité.
2. ☐ Vous avez oublié de demander un certificat médical au médecin.
3. ☐ Vous avez refusé de faire le voyage de classe.
4. ☐ Vous avez abîmé le disque préféré d'un copain.
5. ☐ Vous n'avez pas déjeuné parce que vous n'aviez pas d'argent.
6. ☐ Vous vous êtes ennuyé dimanche parce que vous étiez seul.
7. ☐ Vous n'avez pas osé parler de vos difficultés à quelqu'un.
8. ☐ Vous n'avez pas dit à votre professeur que vous aviez été malade.
9. ☐ Vous avez répété à un ami ce qu'on avait dit de lui.
10. ☐ Vous regrettez d'être allé voir un film.

a) Je n'aurais pas dû aller le voir.
b) Vous auriez dû le lui dire.
c) Tu aurais au moins pu me le rembourser.
d) Vous auriez dû venir. C'était formidable.
e) Tu aurais pu nous prévenir que tu ne viendrais pas.
f) Vous auriez dû en demander un.
g) Tu aurais dû me téléphoner.
h) Tu aurais dû m'en parler, je t'aurais aidé.
i) Vous auriez dû m'en parler.
j) Tu n'aurais pas dû lui répéter.

117. Savez-vous distinguer : expression du reproche et expression de l'intention passée?

A *Lisez ce dialogue*

■ **Comment**

• *Exprimer l'intention :*
– J'ai l'intention de m'en aller.
– Je pense partir.
– Je songe à déménager.
– Je vais peut-être déménager.
– Je veux (voudrais) m'en aller.
– Je tiens expressément à... (soutenu).

Déception

– Alors, on part pour le week-end?

– Je ne sais pas. Antoine devait prendre des places de théâtre pour ce soir.

– Alors qu'est-ce que je deviens, moi?

– Il faut attendre qu'il téléphone.

– Tu aurais quand même pu faire des projets plus précis.

– Je suis désolée, je devais être libre, je ne savais pas que tu voulais partir en week-end.

– Mais on en avait parlé la semaine dernière. Tu devais me le confirmer.

– Je ne sais plus où j'en suis, j'ai oublié. Je suis vraiment navrée.

– Et moi mon week-end est « foutu »[1].

Imaginez la conversation téléphonique avec Antoine et les projets faits en fin de compte.

■ **Pour vous aider**

• *Devoir :*
j'ai dû
je devrais
je devais
j'aurais dû

B *Exprimez votre réponse sous forme de reproche ou d'intention et précisez votre sentiment :*

Il ne m'a pas téléphoné, il me l'avait promis.
▶ **Il devait me téléphoner** *(intention passée)*.

Tu rentres tard.
▶ **On devait aller au cinéma** *(intention et reproche)*.

Vous m'aviez promis de me téléphoner.
▶ **Vous auriez dû le faire** *(reproche)*.

1. Tu ne m'as pas emmené(e) au cinéma.

....

2. Il n'est pas passé me prendre à la maison.

....

3. Il n'a pas passé ses vacances en France.

....

4. Finalement, vous avez voyagé de jour.

....

5. Vous ne m'avez pas prêté vos skis.

....

6. Il a pris le TGV de 8 h.

....

C *Imaginez le dialogue que tiennent un jeune homme et une jeune femme qui se séparent et se reprochent mutuellement tout ce qu'ils s'étaient promis et qu'ils n'ont pas fait. Vous pouvez faire cet échange sous forme de lettres.*

_____

1. « **Foutu** » : raté, gâché.

118. Points de vue

■ **Comment**

• *Demander l'avis de quelqu'un :*
– Qu'est-ce que tu penses de ma décision ?
– J'aimerais avoir ton avis.
– Qu'est-ce que tu aurais fait à ma place ?
– Tu aurais fait ça, toi ?
– Comment aurais-tu fait ?
– Comment tu t'y serais pris, à ma place ?

• *Donner son opinion :*
– Je pense que…
– Je crois que…
– J'estime que…
– Je trouve que…
– Je suppose que…
– Il me semble que…
– A mon avis, selon moi, d'après moi, pour moi, à mon point de vue…

Savez-vous interpréter les titres de la presse ? Soulignez le (ou les) mot(s) exprimant un point de vue.

UN ENTRETIEN AVEC LE MINISTRE DE LA DÉFENSE

Israël reste hostile à une conférence sur le Proche-Orient

nous déclare M. Rabin

« *Le Monde* », 1er juin 1985.

Le Haut Comité sur l'alcoolisme dénonce l'action du gouvernement

« *Le Monde* », 1er juin 1985.

En Suisse

Un projet contre le droit à l'avortement est rejeté par référendum

« *Le Monde* », 11 juin 1985.

RELIGION

Après la sanction infligée à Leonardo Boff

DIX ÉVÊQUES BRÉSILIENS CRITIQUENT LE SAINT-SIÈGE

LE CARDINAL HUME EST FAVORABLE A L'ORDINATION D'HOMMES MARIÉS

« *Le Monde* », 11 juin 1985.

LE DÉBAT SUR L'IMMIGRATION A L'ASSEMBLÉE NATIONALE

Sourdine sur les passions…

« *Le Monde* », 8 juin 1985.

LA VISITE DU PREMIER MINISTRE INDIEN

M. Gandhi souhaite « une nouvelle expansion de la coopération » avec la France

« *Le Monde* », 8 juin 1985.

ASIE

LE SOIXANTIÈME ANNIVERSAIRE DU RÈGNE DE HIROHITO

M. Nakasone se défend d'exploiter le prestige impérial à des fins politiques

« *Le Monde* », 30 avril 1986.

Les nouvelles mesures en faveur des chômeurs : une facture difficile à payer

« *Le Monde* », 7 juin 1985.

M. Maire critique la « gestion à courte vue » du gouvernement

« *Le Monde* », 12 juin 1985.

Socialistes et communistes dénoncent les conditions et les conséquences des dénationalisations

« *Le Monde* », 3 mai 1986.

119. Lignes d'écriture

Transformez ces messages oraux en messages écrits :
Il s'agit d'écrire de brèves nouvelles pour un journal local.

1. Tu as vu la route de Froberville aux Loges, elle est impeccable maintenant. Ils ont beaucoup travaillé dessus.

....

....

....

2. L'Etna est en éruption. Je pense qu'on va évacuer les populations proches.

....

....

....

3. Il y a une nouvelle source d'eau naturelle à Neuilly-sur-Seine. On va
peut-être la mettre en bouteille.

....

....

....

4. Il y a un film formidable que tu dois voir, Ran, une coproduction franco-
japonaise de Kurosawa et Silberman. C'est dommage qu'on ne l'ait pas
présenté au festival de Cannes. C'est une vraie splendeur digne de comparaison avec Eisenstein.

....

....

....

120. Pages littéraires

A   L'Amant

La narratrice, une Française, se souvient d'un amour vécu il y a bien long-
temps avec un Chinois. Elle était alors adolescente.

Elle ne sait pas combien de temps après ce départ de la jeune fille blanche il a exécuté l'ordre du père, quand il a fait ce mariage qu'il lui ordon-
nait de faire avec la jeune fille désignée par les familles depuis dix ans,
couverte d'or elle aussi, des diamants, du jade. Une Chinoise elle aussi
originaire du nord, de la ville de Fou-Chouen, venue accompagnée de
famille.

Il a dû être longtemps à ne pas pouvoir être avec elle, à ne pas arriver
à lui donner l'héritier des fortunes. Le souvenir de la petite blanche devait
être là, couché, le corps, là, en travers du lit. Elle a dû rester longtemps
la souveraine de son désir, la référence personnelle à l'émotion, à l'immen-
sité de la tendresse, à la sombre et terrible profondeur charnelle. Puis le
jour est arrivé où ça a dû être possible. (...)

Des années après la guerre, après les mariages, les enfants, les divorces, les livres, il était venu à Paris avec sa femme. Il lui avait téléphoné. C'est moi. Elle l'avait reconnu dès la voix. Il avait dit : je voulais seulement entendre votre voix. Elle avait dit : c'est moi, bonjour. Il était intimidé, il avait peur comme avant. Sa voix tremblait tout à coup. Et avec le tremblement, tout à coup, elle avait retrouvé l'accent de la Chine. Il savait qu'elle avait commencé à écrire des livres, il l'avait su par la mère qu'il avait revue à Saïgon. Et aussi pour le petit frère, qu'il avait été triste pour elle. Et puis il n'avait plus su quoi lui dire. Et puis il le lui avait dit. Il lui avait dit que c'était comme avant, qu'il l'aimait encore, qu'il ne pourrait jamais cesser de l'aimer, qu'il l'aimerait jusqu'à sa mort.

Marguerite Duras, *L'Amant*,
Prix Goncourt 1985, Éditions de Minuit, 1984.

Répondez à ces questions :

1. Combien de personnages sont désignés dans ce texte?
2. Comment la narratrice se désigne-t-elle?
3. Quelle est la trame de l'histoire?
4. Quel est le problème culturel posé?
5. Réécrivez le deuxième paragraphe en proposant d'autres formulations de l'hypothèse.
6. Réécrivez le troisième paragraphe au présent ou au passé composé.
   Dites alors ce qu'apporte le récit au plus-que-parfait.
7. Quels sont les termes qui désignent l'avenir?
8. Comment les années, le temps passé sont-ils évoqués?
9. Imaginez la conversation téléphonique et construisez le dialogue.
10. Ce texte suscite-t-il une émotion? Laquelle?

B   **Le Diable au corps**

En 1923, paraît un roman écrit par un jeune homme de vingt ans, ami de Jean Cocteau. Ce roman fait scandale parce qu'il décrit l'amour d'un jeune garçon avec une femme dont le mari fait la guerre. Le narrateur est le jeune homme.

Nous étions au mois de mai. Je rencontrais moins Marthe chez elle et n'y couchais que si je pouvais inventer chez moi un mensonge pour y rester le matin. Je l'inventais une ou deux fois la semaine. La perpétuelle réussite de mon mensonge me surprenait. En réalité, mon père ne me croyait pas. Avec une folle indulgence, il fermait les yeux à la seule condition que ni mes frères ni les domestiques ne l'apprissent[1]. Il me suffisait donc de dire que je partais à cinq heures du matin, comme le jour de ma promenade à la forêt de Sénart. Mais ma mère ne préparait plus de panier.

Mon père supportait tout, puis, sans transition, se cabrant, me reprochait ma paresse. Ces scènes se déchaînaient et se calmaient vite, comme les vagues.

Rien n'absorbe plus que l'amour. On est paresseux, parce que étant amoureux, on paresse. L'amour sent confusément que son seul dérivatif réel est le travail. Aussi le considère-t-il comme un rival. Et il n'en supporte aucun. Mais l'amour est paresse bienfaisante, comme la molle pluie qui féconde. (...)

Quand je ne couchais pas chez Marthe, c'est-à-dire presque tous les jours, nous nous promenions après dîner, le long de la Marne, jusqu'à onze heures. Je détachais le canot de mon père. Marthe ramait ; moi, étendu, j'appuyais ma tête sur ses genoux. Je la gênais. Soudain, un coup de rame me cognant, me rappelait que cette promenade ne durerait pas toute la vie.

Raymond Radiguet, *Le Diable au corps,* 1923.

Répondez aux questions suivantes[2] :

1. Qui sont les protagonistes ?
2. Repérez les indications temporelles dans le texte.
3. Repérez les actions qui se répètent.
4. Imaginez les dialogues père-fils, mère-fils.
5. Ce texte permet-il de dire si le père et la mère en parlaient entre eux ?
6. Quelles sont les remarques générales faites sur l'amour et qu'en pensez-vous ?

---

1. **Ne l'apprissent :** ne l'apprennent.
2. **Si le travail est fait en classe,** les questions 4, 5 et 6 pourront être préparées par petits groupes. Les élèves communiqueront ensuite leurs impressions au grand groupe.

Portrait de Raymond Radiguet par Jean Cocteau.

Quinze partout

1. Complétez la phrase suivante :
   « Quand on n'avait pas de magnétophones pour enregistrer les interviews des hommes politiques
   .... »

2. Exprimez la simultanéité pour deux états passés :
   (ne pas être remplacé(e)) – (être malade)
   ....

3. Exprimez la simultanéité pour deux actions passées :
   (apercevoir quelqu'un) – (sortir de chez lui)
   ....

4. Exprimez l'antériorité :
   « Je n'ai pas beaucoup apprécié le plat exotique qu'il (préparer). »
   ....

5. Faites une suggestion portant sur le passé à quelqu'un qui vous avoue qu'il a passé un week-end sinistre.
   ....

6. Mettez votre point de vue en valeur :
   « Je crois que la situation politique va se détériorer dans les semaines qui viennent .... »

7. Exprimez l'opposition entre les deux actions suivantes :
   (reprocher de perdre son temps) – (travailler beaucoup)
   ....

8. Savez-vous rapporter un discours ?
   – Il a fallu une heure pour traverser la place de l'Étoile.
   – Qu'est-ce qu'il a dit ? Je n'ai pas bien entendu.
   ....

9. Faites un reproche à quelqu'un qui a oublié de vous transmettre un message.
   ....

10. Reprochez à quelqu'un d'avoir fait une réflexion à un de vos amis.
    ....

11. Exprimez une intention passée non réalisée :
    (téléphoner à Pierre à huit heures) – (oublier l'heure)
    ....

12. Vous annoncez une décision importante (précisez-la) – Demandez l'avis de quelqu'un.
    ....

13. Exprimez que vous aurez la permission de partir en week-end vendredi à partir de seize heures.
    ....

14. Vous avez pris une décision. Précisez-la et demandez son avis à un(e) de vos ami(e)s.
    ....

15. Votre copain a un rendez-vous chez le dentiste. Il n'y pense pas. Vous le lui rappelez.
    ....

Unité 9
Que s'est-il passé?

121. Savez-vous distinguer les visions du passé?

A   *Mettez les verbes entre parenthèses au temps qui convient* en rendant compte soit de l'*état* (vision durative, habitude : *imparfait*), soit de l'*accompli* (avoir eu lieu : *passé composé*).

▶ Il ne **faisait** pas froid. Je **suis sorti** sans manteau et sans écharpe. Mais vers cinq heures, quand le soleil **s'est couché** la température **a dégringolé** et j'**ai attrapé** un bon rhume.

▶ Il **a fait** très froid pendant le mois de janvier. Les chaudières de chauffage central ne **suffisaient** plus. Il **a fallu** acheter des radiateurs d'appoint. Beaucoup de vieillards **sont morts** de complications pulmonaires.

1. Quand j'habitais avenue du Général-de-Gaulle, il y avait beaucoup de bruit à cause de la circulation intensive sur cette voie. Je (ne pas être gêné) par le bruit, je (avoir) l'habitude de dormir la fenêtre fermée et je (travailler) sans être dérangé. Maintenant, je ne pourrais plus vivre sur une avenue.

   ....

   ....

   ....

2. J'ai passé trois jours à l'hôtel Méridien à la porte Maillot. Il y a beaucoup de circulation à cet endroit. Comme il y avait des doubles fenêtres (je ne pas être gêné) par le bruit. Je n'(entendre) rien et (dormir) du « sommeil du juste ».

   ....

   ....

3. Il a passé ses vacances sans travailler. Il (croire) qu'il réussirait à son examen d'entrée à Sciences-Po en septembre. Il n'a rien fait de l'été, il (sortir) tous les soirs et (passer) ses journées sur la plage à faire de la planche à voile.

   ....

   ....

4. Comme il avait beaucoup travaillé et qu'il avait réussi ses épreuves, il (croire) qu'il réussirait à entrer à Sciences-Po du premier coup. Il (être déçu) quand il a vu que son nom n'était pas sur la liste.

   ....

   ....

5. J'ai voyagé de nuit. Je n'avais pas de couchette. Il y avait un voyageur

qui ronflait, il faisait trop chaud dans le compartiment. Je (ne pas réussir) à fermer l'œil de la nuit.

....

....

6. Comme je (ne pas arriver) à m'endormir, j'ai pris un bon roman policier et (lire) jusqu'à deux heures du matin.

....

....

B *A votre avis, à quel âge a-t-on le droit de dire : « J'ai vécu. » Est-ce qu'on ne commence pas à vivre à tout âge ? (10 à 20 lignes).*

C *Construisez un dialogue de 4 à 5 phrases dont voici la première et la dernière réplique.*

   – Comment as-tu fait ton compte pour lui faire tant de peine.

....

....

....

....

   – « On ne bat une femme qu'avec une rose. »

D *Ajoutez aux articles suivants un déroulement et une fin. Ils ont été recueillis dans « Le Monde ».*

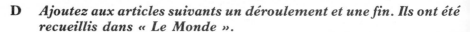

● *Ajaccio : trois arrestations.* – Trois personnes, interpellées le 4 juin par les policiers d'Ajaccio et impliquées dans l'attentat commis pendant la nuit du 2 au 3 juin contre le village de vacances du Commissariat à l'énergie atomique dans le golfe de Lava, près d'Ajaccio (*le Monde* du 4 juin), ont été

                  « Le Monde », 8 juin 1985.

DES FAUSSAIRES ARRÊTÉS

Un contremaître des services de la mairie de Paris, un imprimeur et un colporteur, qui avaient fabriqué plus d'un millier de faux billets d'entrée à Roland-Garros, ont été appréhendés, lundi 4 juin, par les inspecteurs du troisième cabinet de délégation judiciaire. Ils avaient réussi à

                  « Le Monde », 7 juin 1985.

Un directeur de supermarché écroué après un contrôle « musclé »

M. Jean-Marc Madranges, trente-huit ans, directeur d'un supermarché à Homécourt (Meurthe-et-Moselle), a été inculpé de coups et blessures et écroué à la maison d'arrêt de Briey, jeudi 30 mai.

Le 4 mai, Norbert Royer, quinze ans, avait été gravement blessé au cours d'un contrôle Intermarché au magasin où il avait été accusé

                  « Le Monde », 1er juin 1985.

● *L'attaque d'un transport de fonds à Marseille : une arrestation.* – L'un des pillards qui, lors de l'attaque d'un fourgon de transport de fonds, le 31 mai à Marseille, avait ramassé de l'argent,

                  « Le Monde », 9-10 juin 1985.

L'Oncle Marcel

— Tu as connu l'oncle Marcel?

— Oui, très bien.

— Comment était-il?

— C'était un homme bon, généreux et très doué.

— Il aimait la politique?

— Oui, il a fait une très belle carrière de député.

— Quelle attitude a-t-il eu pendant la guerre au moment de Vichy[1]?

— Il a répondu à l'appel du général de Gaulle le 18 juin 40, il a fait de la Résistance et il est resté un gaulliste inconditionnel toute sa vie.

— C'était un homme religieux?

— Oui, il était très pieux. Il militait dans des mouvements d'action catholique. Il connaissait les écrivains engagés mais il avait gardé des liens très étroits avec ses camarades communistes de la Résistance. C'était un homme libre.

— Tu étais à son enterrement?

— Oui, bien sûr. Il y avait foule. Il était adoré et il avait des amis dans tous les milieux. On l'a bien vu ce jour-là.

— Il est mort à quel âge?

— A 96 ans et il avait toute sa tête.

— C'est un bel âge.

---

1. Gouvernement du maréchal Pétain qui avait pactisé avec l'Allemagne nazie de 1940 à 1944.

Rengaine à pleurer
(Résigné mais clairvoyant.)

J'ai beaucoup appris
et tout entendu
je n'ai rien compris
et rien retenu.

J'avais entrepris
j'avais entendu
je m'étais perdu
je m'étais repris
puis j'ai tout perdu.

Quand ils ont compris
que j'étais perdu
ils m'ont attendu
ils m'ont entendu
ils m'ont confondu
puis ils m'ont tout pris
puis ils m'ont pendu.
Puis m'ayant pendu
m'ont donné un prix
un prix de vertu.

Alors j'ai compris :
tout était perdu.

Jean Tardieu
Extrait de « Monsieur, Monsieur »
in *Le fleuve caché*, Gallimard 1951.

MIEL SPATIAL

Les quelque trois mille abeilles qui ont accompagné les astronautes américains lors de la dernière mission de la navette Challenger, du 6 au 13 avril, ont été remises en liberté vingt-quatre heures après leur retour sur Terre et paraissent en parfaite santé. A l'issue de leur aventure spatiale, elles se sont montrées *« si tranquilles et dociles que c'en est anormal »*, a constaté l'apiculteur qui les a prises en charge. Après un ou deux jours d'adaptation à l'apesanteur, les abeilles ont construit des rayons de miel conformes à ceux réalisés dans leur environnement habituel, et la reine a pondu trente-cinq œufs dont le développement sera soigneusement étudié.

« Le Monde », 17 avril 1984.

122. Savez-vous distinguer les visions du passé?

A *Insérez chacun des énoncés suivants dans une situation* qui rende compte soit de l'*état* (vision durative : *imparfait*), soit de l'*accompli* (avoir eu lieu : *passé composé*). (3 à 4 lignes.)

Evasion d'un handicapé à Valenciennes

Un détenu de la maison d'arrêt de Valenciennes, Emmanuel Da Silva, trente-deux ans, handicapé d'une jambe, s'est évadé dimanche 1er avril après avoir scié un barreau de sa cellule et escaladé le mur d'enceinte à l'aide d'une corde. Da Silva, détenu depuis le 26 janvier, avait été condamné à treize mois de prison par le tribunal d'Avesnes-sur-Helpe (Nord) pour coups et blessures

« *Le Monde* », *3-4 juin 1985.*

> *État :* « Je devais prendre un taxi. »
> ▶ **Je devais prendre un taxi parce que j'avais beaucoup de bagages mais je n'ai pas pu le faire parce qu'il y avait trop de circulation et que je risquais de rater mon train. J'ai donc pris le métro.**

> *Avoir eu lieu :* « J'ai dû prendre un taxi. »
> ▶ **J'ai dû prendre un taxi : le radiologue m'a fait un examen qui m'a tellement fatigué que je suis sorti de chez lui complètement sans jambes.**

État	*Avoir eu lieu*
1. Le temps paraissait s'améliorer.	1. Le temps a paru s'améliorer
2. Je ne savais pas quoi lui dire.	2. Je n'ai pas su quoi lui dire.
3. Il fallait que j'intervienne.	3. Il a fallu que j'intervienne.
4. Je ne pouvais pas bouger.	4. Je n'ai pas pu bouger.
5. Je ne comprenais pas pourquoi.	5. Je n'ai pas compris pourquoi.
6. Je n'avais pas faim.	6. Je n'ai pas eu faim.

B *Mettez les verbes au temps qui convient dans le récit oral :*

Souvenirs d'étudiant

Quand j'(être) étudiant, je (habiter) ce qu'on (appeler) alors une chambre de bonne et qu'on (appeler) maintenant une chambre de service au septième étage sans ascenseur. Il n'(y avoir) pas l'eau courante, juste un robinet d'eau froide sur le palier. Il n'(y avoir) pas le chauffage central et je (se chauffer) avec un malheureux petit radiateur électrique. Autant dire que je (geler) et que je (devoir aller) en bibliothèque pour (travailler).

Par la suite, on (construire) des cités U[1], et je (pouvoir avoir) une chambre confortable. Cela me (paraître) le paradis à côté de ce que je (connaître). De toute façon, nous (être mal logés) et nous n'(avoir) pas l'idée de nous en plaindre. Nous (être) jeunes, heureux, peu soucieux du confort. Je crois que beaucoup de jeunes d'aujourd'hui n'(accepter) pas de vivre dans les conditions que nous (connaître).

---
1. **Cités U :** cités universitaires.

123. Savez-vous exprimer votre manque de mémoire ou votre incertitude?

A *Lisez ce dialogue :*

Mon briquet

– Tu n'aurais pas vu un briquet par hasard?

– Non, pourquoi?

– Je ne retrouve pas le mien, je ne sais pas ce que j'ai bien pu en faire.

– Tu l'as peut-être laissé sur ton bureau?

– Je ne sais plus quand je m'en suis servi pour la dernière fois.

– Tu l'avais ce matin?

– Je ne sais plus.

– Tu as fumé aujourd'hui?

– Oui j'ai fumé, mais Françoise m'a donné du feu.

– Essaye de te rappeler ce que tu as fait et où tu es allé.

– Je l'ai peut-être laissé au bistrot après le déjeuner.

– Alors là, si tu le retrouves...

B *Trouvez une situation et un contexte pour l'énoncé de votre choix :*

1. Mais qu'est-ce qu'il peut bien faire? ....

2. Où est-ce qu'elle a bien pu ranger cette clé? ....

3. Qu'est-ce que j'ai bien pu faire de la voiture? ....

C *Savez-vous exprimer votre manque de mémoire ou votre incertitude?*

> Vous vous demandez où vous avez mis votre serviette.
> ▶ **Qu'est-ce que j'ai bien pu en faire?**
> ▶ **Où est-ce que j'ai bien pu la mettre?**
> ▶ **Je ne sais plus où je l'ai mise.**
> ▶ **J'ai oublié où je l'ai mise.**

Savez-vous exprimer votre hésitation?

> Vous vous demandez où garer votre voiture.
> ▶ **Où est-ce que je pourrais bien me garer?**
> ▶ **Je ne sais pas où me garer.**

1. Vous vous demandez où passer la soirée.

   ....

2. Vous vous demandez qui vous a pris un livre qui était sur votre bureau.

   ....

3. Vous vous demandez à qui vous avez confié un dossier que vous ne retrouvez plus.

   ....

4. Vous vous demandez avec qui aller à un concert.

   ....

5. Vous vous demandez avec quoi les cambrioleurs ont ouvert la porte.

   ....

6. Vous vous demandez pour qui votre patron a voté.

   ....

124. Savez-vous appuyer un argument avec *justement*?

A   *Appuyez un argument avec* justement :

> – Vous devriez acheter un magnétoscope.
> ▶ – **Justement, nous avons l'intention de le faire.**

1. Allô! Françoise c'est toi?

   – ....

2. Il faudrait faire des pétitions contre l'augmentation des assurances.

   – ....

3. Il faudrait absolument que le député fasse quelque chose pour les habitants du quartier François-Ier qui est pollué par l'usine chimique.

   – ....

4. Les Arnaud ont l'intention d'émigrer aux USA.

   – ....

B   *Mettez dans des contextes les énoncés suivants :*

– J'avais justement l'intention de vous en parler. ....

– Je viens justement de le faire. ....

– Elle vient justement d'arriver en France. ....

– On vient justement de voter une loi à ce sujet. ....

125. Savez-vous appuyer un argument avec *plutôt*?

A   *Plutôt = de préférence*

> – Tu viendras avec moi voir *Rambo*.
> ▶ – « **Plutôt** mourir.
> (J'aime mieux mourir plutôt que d'aller voir *Rambo*).

1. – On va au cinéma ou au restaurant?

   – ....

2. – On prend le train?

   – ....

3. – Qu'est-ce que tu préfères un patron-homme ou un patron-femme?

   – ....

B   *Plutôt = plus que moins*

> – Il a bon caractère?
> ▶ – Non, il est **plutôt** grincheux.

4. – Quel goût ça a, la pâtisserie orientale?

   – ....

5. – Il a quelle mentalité, Jean, à l'égard des étrangers?

   – ....

6. – Dis-moi, Marie, elle a l'air féministe?

– ....

7. – Qui porte la culotte dans le ménage, Jean-Pierre ou Christine?

– ....

C   *Plutôt = assez*

– C'est comment la vie à Lille, l'hiver?
▶ – **Plutôt** monotone.

8. – Le climat est comment dans le Midi, l'été?

– ....

9. – C'est quel genre, la femme de Jean?

– ....

■ **Remarquez**

*Il est **plutôt** barbant veut dire : Il est **très** ennuyeux.*

10. – C'était bien, ton voyage en Chine?

– ....

---

126. Savez-vous appuyer un argument avec *d'ailleurs*?

▶ Ne passez pas par cette route. Elle est mauvaise, **d'ailleurs** c'est la plus longue.
▶ Je n'ai pas eu le temps de vous appeler, **d'ailleurs** mon téléphone était en dérangement.

A   *Complétez les phrases suivantes :*

« *Je songe à ce "d'ailleurs" qui s'efforce de lier ensemble par un estimable et curieux souci d'ordre des idées qui n'ont entre elles aucune relation normale.* »
Georges Duhamel,
Discours aux nuages.

1. Je trouve que monsieur Prieur est tout à fait apte à occuper ce poste, d'ailleurs...

....

2. Il est trop fatigué, il ne peut pas recevoir de visites, d'ailleurs...

....

3. Nous ne voulons pas sortir et d'ailleurs s'il fait beau...

....

4. Je vous raconte les choses comme je les ai vues, d'ailleurs...

....

B   *Introduisez chacun des énoncés dans un court échange* (2 à 4 répliques) :

■ **Remarquez**

Une digression ou une précision peuvent être introduites par **d'ailleurs**.

Signification de *d'ailleurs* :

• *Comment faire une digression :*
 – A ce propos, il faut que je dise...
 – Entre parenthèses... (familier).
 – Notons au passage que...
 – Au fait, ...
 – Pendant que j'y pense...
 – De plus, ... En outre, ...

• *Comment préciser :*
 – De fait, ...
 – Pour être plus précis, je dirais...
 – Plus précisément...
 – Précisons que... Je précise que...

1. D'ailleurs, il était temps de la faire réviser, cette voiture.

....

2. D'ailleurs, la peine de mort, c'est immoral.

....

3. D'ailleurs, la vitesse est limitée à 60 km/h.

....

4. D'ailleurs, nous n'avons pas les moyens en ce moment.

....

127. Savez-vous appuyer un argument en donnant une bonne raison?

A   La banque ne peut pas financer cette opération (ce client a déjà fait de mauvaises affaires).

▶ La banque ne peut pas financer cette opération, **d'autant plus que** ce client a déjà fait de mauvaises affaires.

1. Je n'ai pas envie de voir ce film (entendre dire qu'il est mauvais)....

....

2. Je ne méritais pas un retrait de permis..

....

3. Il faut que vous souteniez son club de foot..

....

4. On se doit d'aider cette œuvre...

....

5. Je suis sûr qu'il se souviendra de nous..

....

6. Je t'assure que je ne peux pas..

....

B   *Lisez ce texte :*

Harlem Désir avec l'emblème de « S.O.S. racisme ».

« Touche pas à mon pote[1] », une multinationale de l'amitié

Dans la cohue du métro Porte d'Italie-Porte de La Villette je vacille, ce matin-là, à côté d'un homme à l'air furieux. Depuis la station Monge, son regard exaspéré passe du badge « Touche pas à mon pote » épinglé comme d'habitude au revers de ma veste, à mon visage, évidemment trop basané à son goût. A la station Châtelet, il n'y tient plus. Beaucoup de gens étant descendus, nous pouvons enfin nous asseoir. Il s'installe en face de moi et m'apostrophe :
« Je ne suis pas du tout d'accord avec votre machin-là... »
Moi, tout sourire :
— Ah bon! et pourquoi ça?
— Parce que je suis raciste.
— Vous êtes raciste? Mais alors, pourquoi m'adressez-vous la parole? Les racistes pensent que les Noirs sont des sous-hommes. Vous acceptez de parler à un sous-homme?
— Non, évidemment, je ne pense pas que vous êtes un sous-homme. Mais ma sœur s'est fait violer par trois Noirs, alors...
— Alors, pour vous tous les Noirs sont des violeurs et tous les viols sont commis par des Noirs. Donc vous ne m'aimez pas parce que je suis un violeur?
— Non, je ne dis pas ça. Mais il y a quand même beaucoup de cas.
— Ah oui? Vous avez des chiffres à me citer? Des statistiques?
— Non, mais j'ai un voisin dont une collègue de bureau s'est fait agres-

---

1. « Touche pas à mon pote ». Mouvement antiraciste animé par Harlem Désir. Beaucoup de jeunes portent le badge − « pote » veut dire « copain ».

ser par des Noirs... ou par des Arabes. C'est pareil. Il y en a plein les journaux de ces histoires-là. Ça suffit.

    – C'est vrai. Dans les journaux il y a parfois des titres du genre « Un Arabe – ou un Noir – viole une jeune fille. » Avez-vous trouvé un titre en gras comme « Un blanc viole... »? Dans ces cas-là, on lit « Mlle X a été agressée par un ou des voyous... ».
Vous ne trouvez pas ça étrange? »

    Silence. Puis mon interlocuteur hoche la tête :

    « C'est vrai. Là, vous avez raison... »

    Nous sommes descendus tous deux de la rame à la station suivante pour continuer notre discussion autour d'un café.

Harlem Désir, Touche pas à mon pote, Grasset.

De quoi ont-ils parlé autour d'un café. Imaginez la discussion en la préparant par petits groupes.

---

128. Savez-vous dire qu'une action a été faite par quelqu'un d'autre ? *(sur votre demande ou votre intervention)*

A   *Lisez ce dialogue :*

Quinze ans après

– Vous n'avez pas changé et pourtant...

– Vous non plus, vous n'avez pas changé.

– Je retrouve l'éclat dans vos yeux, mais vos longs cheveux...

– Oui, je me suis fait couper les cheveux.

– Ils étaient blonds.

– Ils ont blanchi, je me suis fait teindre.

– Vous n'avez pas changé, vous n'avez pas vieilli, ce rire dans vos yeux, cet éclat dans votre pupille, je vous retrouve... c'est comme si les années n'avaient pas passé... et pourtant vous êtes mieux.

– Autrefois j'étais jeune, aujourd'hui je me sens jeune.

– « Quand on est jeune c'est pour la vie », ce n'est pas moi qui le dis, c'est Philippe Soupault[1].

– « J'ai mis très longtemps à devenir jeune », ça, c'est Alphonse Allais[2] qui l'a dit.

B   *Transformez les phrases suivantes :*

    On m'a construit ma maison.
    ▶ **Je me suis fait construire une maison.**
    Un collègue l'a conduite à la gare.
    ▶ **Elle s'est fait conduire à la gare par un collègue.**

1. On m'a raccompagné(e) en voiture chez moi.

....

2. Un producteur de cinéma l'a remarqué(e).

....

G

✳

■ **Pour vous aider**
Je me suis fait faire
Tu t'es fait faire
Il, elle s'est fait faire
Nous nous sommes fait faire
Vous vous êtes fait faire
Ils, elles se sont fait faire

■ **Une expression :**
« Se faire virer » (familier) :
être renvoyé.

---

1. Philippe Soupault, poète surréaliste né en 1897.
2. Alphonse Allais 1855-1905, humoriste célèbre.

3. On lui a coupé les cheveux.

....

4. On l'a invité(e) à la première de Faust.

....

5. On m'a pris(e) en flagrant délit de stationnement en double file.

....

6. On l'a renvoyé(e) de son entreprise.

....

129. Savez-vous exprimer vos sentiments ?

A *Lisez ce dialogue :*

Les 80 ans de grand-mère

– Je me réjouis qu'on fasse une réunion de famille pour les quatre-vingts ans de grand-mère.
– Moi aussi, je suis très contente de cette réunion.
– Je suis ravie que la réunion ait lieu chez toi. Elle est chouette ta maison; on déjeunera dehors ?
– Oui sans doute, mais à la Pentecôte c'est risqué, j'ai peur qu'il ne fasse mauvais, tu connais la Normandie!
– Tu l'as prévenue ou tu lui fais la surprise ?
– Non, non je l'ai prévenue, elle est enchantée, pour elle ce qui compte c'est que tout le monde puisse venir.
– Ça, je la comprends, mais je crains que les Dubois ne puissent venir, ça fait beaucoup de kilomètres en deux jours et par le TGV c'est un peu « chéro » à quatre.
– Oui, ils seront sûrement désolés de manquer cela. C'est bête, tout ça pour une question d'argent, on pourrait peut-être se cotiser? Ce serait gentil.

Observez les verbes suivis d'un subjonctif et soulignez les expressions qui expriment un sentiment.

Écrivez une lettre collective aux membres de votre famille pour faire une collecte pour payer les billets de train des Dubois. Utilisez des arguments sentimentaux.

G

B *Complétez :*

▶ **Je suis heureuse que tu viennes.**

1. J'ai peur que...

2. Je suis ravie que...

3. Les serveurs ont hâte que...

4. Il était furieux que...

5. Je me réjouis que...

6. Ma copine était contrariée que...

130. Savez-vous poser vos conditions?

A *Lisez ce dialogue :*

Le chantage de la vieille marraine[1]

– Tu viendras chez moi samedi soir?

– A condition que tu viennes me chercher chez moi.

– Tu peux peut-être prendre le RER, c'est direct.

– J'ai peur des loubards à cette heure-là.

– Bon, d'accord, Gilles ira te chercher.

– Mais vous me raccompagnerez?

– On peut peut-être te mettre dans un taxi?

– Tu en as de bonnes, tu crois que j'ai les moyens de prendre des taxis, moi!

– Tu ne peux pas rester coucher à la maison?

– Je viendrai à condition que vous me promettiez de me ramener.

– Si tu préfères, on fera ce qui te fait plaisir pourvu que tu viennes.

Répondez :

Qu'est-ce que cette personne exigeante refuse?

....

....

Qu'est-ce qu'elle pose comme conditions pour venir?

....

....

G

❋

B *Savez-vous exprimer une condition avec un verbe au subjonctif?*

▶ **Je viendrai à condition que tu sois là.**

1. Je voudrais te demander un service à condition que ....

....

2. Je t'écrirai à condition que ....

....

3. Il vous donnera son numéro de téléphone à condition que ....

....

4. Elle vous laissera son appartement pour les vacances à condition que

....

5. Je serai à l'heure à condition que ....

....

6. Nous viendrons en voiture à condition que ....

....

---

1. **Marraine :** celle qui tient ou qui a tenu l'enfant sur les fonts baptismaux dans la religion catholique.

131. Connaissez-vous quelques constructions qui exigent le subjonctif?

■ Remarquez

On emploie le **ne explétif** après les verbes de crainte employés affirmativement. La langue moderne omet souvent ce **ne**.

A

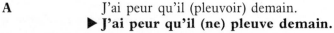

J'ai peur qu'il (pleuvoir) demain.
► **J'ai peur qu'il (ne) pleuve demain.**

1. Je crains que .... cette nuit.

2. Tu es la seule personne qui me ....

3. Il faut absolument que je..chez le dentiste.

4. Il est très rare qu'il..du soleil à cette saison.

5. Y a-t-il ici quelqu'un qui .... son numéro de téléphone.

6. J'ai la « frousse » que .... du verglas.

7. Eh bien que chacun .... ses affaires et................

8. Je cherche un assistant qui............................beaucoup d'expérience de la gestion.

B *Repérez en décrivant et en ajoutant les signes intonatifs et gestuels si l'échange est amical ou inamical, neutre ou intéressé, officiel ou privé, intime ou anonyme :*

1. – Tu viens m'aider à classer ces dossiers ?
   – Non, il faut que je prenne le train de cinq heures.

   ....

2. – Je n'ai personne pour me conduire à la gare. A cette heure-là, un taxi, ça va être cher.
   – Ça va être cher pour moi en temps et en énergie. Cherche quelqu'un qui n'ait rien à faire.

   ....

3. – J'ai une prise de courant qui ne marche pas. Vous ne pourriez pas venir la réparer ?
   – S'il faut que je me déplace pour le petit entretien, je n'ai plus qu'à fermer boutique.

   ....

4. – Monsieur, vos propos dépassent les limites de ce que l'on peut exprimer sur ce plateau. J'en tirerai les conclusions nécessaires.
   – J'en prends acte. Vous êtes la seule personne autour de cette table qui soit aussi intellectuellement malhonnête et aussi vilement corrosive.

   ....

5. – Entre nous, je trouve que tu aurais pu être plus aimable avec les invités de Guy et Brigitte !
   – Je crains qu'on n'ait fait une erreur en acceptant cette invitation. Il va falloir les inviter et ils me barbent.

   ....

6. – Pourriez-vous m'indiquer le chemin de la mer ?
   – Existe-t-il quelqu'un qui puisse refuser ce renseignement à un si joli sourire ?

   ....

132. Alimenter la conversation

Relevez dans ce texte les mots qui ont deux sens. Profitez-en pour apprendre quelques expressions. Par exemple : alimenter la conversation.

Alimenter la conversation

Pour les lecteurs de *Télérama*, Raymond Devos nous a confié un de ses tout nouveaux sketches. A déguster lentement...

Récemment,
je déjeunais dans une auberge
et à la table voisine,
il y avait deux convives
qui mangeaient
et tout en mangeant...
ils alimentaient la conversation.
Au début,
lorsque l'un mangeait,
l'autre parlait...
L'alternance était respectée
et puis les mots appelant les mets...
et les mets les mots,
ils se sont mis à parler et à manger
en même temps !
Les mots qui voulaient sortir
se sont heurtés aux mets qui voulaient entrer...
(Ils se télescopaient...)
Ils se sont mis à mâcher leurs mots

et à articuler leurs mets.
Très vite la conversation a tourné
au vinaigre.
Ils se sont jetés à la figure
des bouffées de mets...
A la fin,
chacun ayant ravalé ses mots
et bu ses propres paroles,
il n'y eût plus que des éclats de
voie digestive
et des mots d'estomac !
Ils ont fini par ventriloquer
et c'est à qui aurait le dernier rôt !
Je sais...
Vous pensez :
Il a écrit un sketch alimentaire.
Et alors ?
Il faut bien que tout le monde
mange !

Raymond DEVOS

« Télérama », 21-27 septembre 1985.

Raymond Devos,
humoriste célèbre.

133. Savez-vous interpréter les titres de la presse?

A *Réécrivez les titres suivants écrits en style journalistique (titres de journaux) et faites des phrases complètes :*

ÉNERGIE

Révision du troisième contrat gazier franco-soviétique
« Le Monde », 8 juin 1985.

UNE NOUVELLE VISITE DE M. BÉRÉGOVOY EN SUISSE

Mettre fin aux tiraillements
« Le Monde », 9-10 juin 1985.

Impôt sur les grandes fortunes

DÉCLARATION ET PAIEMENT AU PLUS TARD LE 17 JUIN
« Le Monde », 14 juin 1985.

UN BOEING 727 JORDANIEN DÉTOURNÉ A BEYROUTH
« Le Monde », 12 juin 1985.

SIGNATURE A LISBONNE ET A MADRID DE L'ACTE D'ÉLARGISSEMENT DE LA CEE
« Le Monde », 13 juin 1985.

UNE FAMILLE DE DEUX ENFANTS : EXONÉRATION POSSIBLE JUSQU'A 9 500 F DE REVENUS PAR MOIS
« Le Monde », 14 juin 1985.

PROCHAINE BAISSE DES TAUX DE CRÉDIT A LA CONSOMMATION
« Le Monde », 1er juin 1985.

MORT DE ROBERT BOTHEREAU UN DES FONDATEURS DE FORCE OUVRIÈRE
« Le Monde », 2-3 juin 1985.

APRÈS L'ÉCHEC DE LA GRÈVE DES MINEURS
Fermetures de puits en série en Grande-Bretagne
« Le Monde », 12 juin 1985.

LICENCIEMENT D'UN STEWARD QUI-NE-SOURIAIT-JAMAIS

Jugé trop peu souriant par la compagnie aérienne américaine qui l'employait, un steward avait été remercié. Il a saisi le tribunal pour que celui-ci déclare ce motif insuffisant. Le juge ne l'a pas suivi. Il a même déclaré, le 7 juin, que la physionomie amicale du personnel navigant était déterminante dans la concurrence acharnée que se livrent les compagnies aériennes. Le steward-qui-ne-souriait-jamais causait un préjudice commercial à son employeur. — (AFP.)

« Le Monde », 11 juin 1985.

Inquiétudes de l'enseignement privé pour la rentrée prochaine
« Le Monde », 14 juin 1985.

LE FILM SUR LE GROUPE MANOUCHIAN

Protestations et pétition à Antenne 2
« Le Monde », 8 juin 1985.

Trois attentats à l'explosif à Guingamp
Un poseur de bombes tué par son engin
« Le Monde », 5 juin 1985.

Un inspecteur de police parisien inculpé de vol et de complicité de proxénétisme
« Le Monde », 4 juin 1985.

B *Choisissez un ou deux titres et écrivez un petit article ou « entrefilet » pour un journal de votre choix, en précisant la nature et la tendance du journal.*

134. Lignes d'écriture

A partir de ces récits en langue parlée, rédigez un court compte rendu d'événement dans un style tel qu'il apparaîtrait dans un journal. Précisez le genre du journal.

1. *Texte oral*

   « J'ai vu un accident horrible. Un type avait brûlé un feu rouge, il est rentré dans une voiture à toute allure et il a tué le chauffeur. Il avait l'air un peu soûl. »

   ....
   ....
   ....
   ....

2. *Texte oral*

   Le Président de la République a ouvert le salon de l'auto. Ensuite, il a pris l'avion pour aller à Cherbourg assister au lancement du nouveau sous-marin atomique l'*Inflexible*.

   ....
   ....
   ....
   ....

3. *Texte oral*

   Le ministre de l'Éducation nationale a annoncé que les enfants iraient à l'école à partir de deux ans. Il a ensuite dit que la scolarité serait obligatoire jusqu'à dix-huit ans. Ça, il a dit que c'était sûr.

   ....
   ....
   ....
   ....

135. Savez-vous mettre en relief un lieu au moyen de *c'est... que*?

A   *Lisez ce dialogue :*

Colombey-les-Deux-Églises

– Colombey-les-Deux-Églises ça vous dit quelque chose, vous les étrangers?

– Bien sûr, c'est là que le général de Gaulle habitait.

– Vous y êtes déjà allé?

– Oui, je suis allé visiter sa maison, elle a été transformée en musée vous savez? C'est assez émouvant de voir les lieux où il a vécu.

– Où est-ce qu'il est enterré?

– Sur place, c'est là qu'il est enterré, dans le petit cimetière qui est autour de l'église.

B *Complétez le dialogue suivant en mettant les lieux en relief :*

– Tu connais Le Havre?

– ....

– Ah bon, tu es né au Havre?

– ....

– Toute ton enfance?

– ....

– Jusqu'à quel âge?

– ....

– Pourquoi est-ce que tu n'as pas fait tes études au Havre?

– ....

– Comment, il n'y a pas d'université au Havre?

– ....

– A Rouen?

– ....

– Et tu t'y es marié?

– ....

G

C **Mettez en relief avec : c'est... que**

Ils ont joué là.
▶ **C'est là qu'ils ont joué.**

1. – Chateaubriand est né à Combourg?
– Non, à Saint-Malo.

Le château de Combourg,
en Bretagne.

– ....

2. – Je prends mon petit déjeuner dans ce bistrot et pas à la maison.

– ....

3. – J'ai acheté mon blouson dans ce magasin, pas au Printemps.

– ....

4. – Ils ont eu leur accident d'auto à cet endroit-là.

– Regarde, ...

5. – Je descends à cet arrêt. Excusez-moi.

– ....

6. – Je t'attendais au carrefour, pas au café.

– ....

136. Connaissez-vous la forme passive?

A   *Lisez ce dialogue :*

« J'ai été eu »[1]

– Je viens de me faire avoir, je suis furieux.
– Ah bon, raconte.
– J'ai acheté un petit tableau soi-disant ancien chez un brocanteur, il me plaisait, il faisait très « petit maître du XIXᵉ ».
– A quoi tu le voyais?
– J'ai l'habitude, je m'y connais en peinture.
– Et puis...
– Et puis j'ai rencontré un copain dont le frère fait les Beaux-Arts. Il reconnaît le tableau, il me dit que le tableau est de son frère.
– Quoi! Son frère fait des faux?
– Non, il ne fait pas des faux, il travaille à l'ancienne et il s'est fait cambrioler toutes ses peintures. Je l'ai payé 3 000 F, c'est un peu cher pour un travail d'étudiant. J'ai été bien eu. Pour être roulé, j'ai été roulé[1]!

Racontez une situation où vous avez été « roulé ».

B   *Trouvez un contexte et une situation et transformez les phrases :*

▶ **Les voitures ne sont pas encore parties. Le signal n'a pas encore été donné.**

1. Je ne peux pas acheter de nouvelle voiture. (être remboursé(e) de mon accident)

....

2. Je n'ai pas eu à chercher d'hôtel. (loger chez l'habitant)

....

3. Je n'ai pas pu travailler. (déranger tout le temps)

....

1. « **J'ai été eu, roulé** » : trompé, dupé, possédé.

4. Elle n'a pas pu continuer sa conférence. (interrompre par les étudiants)

....

5. On a trouvé les voleurs. (arrêter hier soir)

....

6. On a arrêté des suspects. (interroger toute la nuit)

....

Un garçonnet blessé par des chiens.

Un garçon de dix ans, Guillaume Bellet, a été grièvement blessé par deux chiens de traîneau qui l'ont mordu à la gorge, dimanche dernier au col de la Croix-Perrin à Autrans (Isère).

Sans raison apparente, les deux chiens, qui n'étaient pas accompagnés, ont bondi sur l'enfant, au moment où celui-ci s'apprêtait à monter dans la voiture de son père. Guillaume a été sévèrement mordu à la gorge.

Secouru par son père qui a réussi à mettre les deux animaux en fuite, puis par le S.A.M.U. de Grenoble, l'enfant a été opéré de ses plaies et son état n'inspire plus d'inquiétudes.

Le propriétaire des chiens, Pierre Pail, cuisinier à l'hôtel de la Croix-Perrin, à proximité de l'endroit où se sont déroulés les faits, entraîne une meute de sept chiens de race malamute pour des courses de traîneaux. Il a expliqué qu'il était en train de les attacher lorsque deux d'entre eux se sont enfuis.

« *Le Figaro* », *17 janvier 1986.*

---

137. Pages littéraires

Marguerite Duras, *Hiroshima, mon amour,* un film d'Alain Resnais

« *Nous sommes dans l'été 1957, en août à Hiroshima. Une femme française, d'une trentaine d'années, est dans cette ville. Elle y est venue pour jouer dans un film sur la paix. Le film dans lequel elle joue est en effet terminé. (...) C'est la veille de son retour en France... Cette femme anonyme... rencontrera un Japonais et ils auront ensemble une histoire d'amour très courte...* »

Une voix d'homme, mate et calme, récitative, annonce :

LUI. – Tu n'as *rien* vu à Hiroshima. Rien.

A utiliser à volonté.
Une voix de femme, très voilée, mate également, une voix de lecture récitative, sans ponctuation, répond :

ELLE. – J'ai *tout* vu. *Tout.*

La musique de Fusco reprend, juste le temps que la main de femme se resserre encore sur l'épaule, qu'elle la lâche, qu'elle la caresse, et qu'il reste sur cette épaule jaune la marque des ongles de la main blanche.
Comme si la griffure pouvait donner l'illusion d'être une sanction du : « Non, tu n'as rien vu à Hiroshima. »

Puis la voix de femme reprend, calme, également récitative et terne :

ELLE. – Ainsi l'hôpital, je l'ai vu. J'en suis sûre. L'hôpital existe à Hiroshima. Comment aurais-je pu éviter de le voir ?

L'hôpital, couloirs, escaliers, malades dans le dédain suprême de la caméra. (On ne la voit jamais en train de voir.)

On revient à la main maintenant agrippée sans relâche sur l'épaule de couleur jaune.

LUI. – Tu n'as pas vu d'hôpital à Hiroshima. Tu n'as rien vu à Hiroshima.

Ensuite la voix de la femme se fait plus, plus impersonnelle. Faisant un sort (abstrait) à chaque mot.

Voici le musée qui défile. De même que sur l'hôpital lumière aveuglante, laide. Panneaux documentaires.

Pièces à conviction du bombardement.

Maquettes.

Fers ravagés.

Peaux, chevelures brûlées, en cire.

Etc.

ELLE. – Quatre fois au musée...

LUI. – Quel musée à Hiroshima ?

ELLE. – Quatre fois au musée à Hiroshima. J'ai vu les gens se promener. Les gens se promènent, pensifs, à travers les photographies, les reconstitutions, faute d'autre chose, à travers les photographies, les photographies, les reconstitutions, faute d'autre chose, les explications, faute d'autre chose.

Quatre fois au musée à Hiroshima.

J'ai regardé les gens. J'ai regardé moi-même pensivement, le fer. Le fer brûlé. Le fer brisé, le fer devenu vulnérable comme la chair. J'ai vu des capsules en bouquet : qui y aurait pensé ? Des peaux humaines flottantes, survivantes, encore dans la fraîcheur de leurs souffrances. Des pierres. Des pierres brûlées. Des pierres éclatées. Des chevelures anonymes que les femmes de Hiroshima retrouvaient tout entières tombées le matin, au réveil.

J'ai eu chaud place de la Paix. Dix mille degrés sur la place de la Paix. Je le sais. La température du soleil sur la place de la Paix. Comment l'ignorer ?... L'herbe, c'est bien simple...

LUI. – Tu n'as rien vu à Hiroshima, rien.

Le musée défile toujours.

Puis à partir de la photo d'un crâne brûlé, on découvre la place de la Paix (qui continue ce crâne).

Vitrines du musée avec les mannequins brûlés.

Séquences de films japonais (de reconstitution) sur Hiroshima.

L'homme échevelé.

Une femme sort du chaos, etc.

ELLE. – Les reconstitutions ont été faites le plus sérieusement possible. Les films ont été faits le plus sérieusement possible.

L'illusion, c'est bien simple, est tellement parfaite que les touristes pleurent.

On peut toujours se moquer mais que peut faire d'autre un touriste que, justement, pleurer ? [...]

ELLE. – J'ai toujours pleuré sur le sort de Hiroshima. Toujours.

Panoramique sur une photo de Hiroshima prise après la bombe, un « désert nouveau » sans référence aux autres déserts du monde.

LUI. – Non.
Sur quoi aurais-tu pleuré ?

La place de la Paix défile, vide sous un soleil éclatant qui rappelle celui de la bombe, aveuglante. Et sur ce vide, encore une fois, la voix de l'homme.
On erre sur la place vide (à 13 heures?).
Les bandes d'actualités prises après le 6 août 45.
Fourmis, vers, sortent de terre.
L'alternance des épaules continue. La voix féminine reprend, devenue folle, en même temps que les images défilent, devenus folles elles aussi.

ELLE. – J'ai vu les actualités.

Le deuxième jour, dit l'Histoire, je ne l'ai pas inventé, dès le deuxième jour, des espèces animales précises ont resurgi des profondeurs de la terre et des cendres.

Des chiens ont été photographiés.

Pour toujours.

Je les ai vus.

J'ai *vu* les actualités.

Je les *ai vues.*

Du premier jour.

Du deuxième jour.

Du troisième jour.

LUI, *il lui coupe la parole.* – Tu n'as rien vu. Rien.

Chien amputé.
Gens, enfants.   [...]

ELLE. – Je n'ai *rien* inventé.

LUI. – Tu as *tout* inventé.

ELLE. – *Rien.*

De même que dans l'amour cette illusion existe, cette illusion de pouvoir ne jamais oublier, de même j'ai eu l'illusion devant Hiroshima que jamais je n'oublierai.

De même que dans l'amour.

Des pinces chirurgicales s'approchent d'un œil pour l'extraire.
Les actualités continuent.

ELLE. – J'ai vu aussi les rescapés et ceux qui étaient dans les ventres des femmes de Hiroshima.

Un bel enfant se tourne vers nous. Alors nous voyons qu'il est borgne.
Une jeune fille brûlée se regarde dans un miroir.
Une autre jeune fille aveugle aux mains tordues joue de la cithare.
Une femme prie auprès de ses enfants qui meurent.
Un homme se meurt de ne plus dormir depuis des années. (Une fois par semaine, on lui amène ses enfants.)

Marguerite Duras, *Hiroshima, mon amour*, Gallimard, 1960.

Répondez aux questions suivantes :

1. De quoi parlent-ils? Quel est l'enjeu du dialogue?

2. Quel rôle joue chacun? Pourquoi refuse-t-il de parler? Quels sont les mots-clés du texte?

3. Réécrivez le dernier paragraphe en utilisant des constructions exprimant la conséquence.

4. Quel sentiment éprouvez-vous à la lecture de ce texte?

5. On peut faire un jeu de rôle sur les incidents à mimer. Les uns proposent les incidents, un groupe joue, un autre fait la voix off qui met en forme et dit ce qu'il a vu.

138. L'accident de Bhopal

Répondez aux questions :

1. Quelles réactions suscite chez vous l'accident de Bhopal?

....

....

....

2. Que pensez-vous de la recherche nucléaire et de son extension dans le monde?

....

....

....

3. Exposez votre position sur les essais nucléaires. Écrivez un article de 20 lignes destiné à une revue de votre choix (politique, religieuse, écologiste, philosophique, féminine, etc.).

....

....

....

....

....

....

....

....

....

....

....

....

....

....

....

....

....

Inde

Sueurs froides à Bhopal

De notre correspondant

Delhi. — Le cauchemar ne finira donc jamais ? Cent vingt jours après la catastrophe qui entraîna la mort d'environ deux mille personnes, l'usine d'Union Carbide à Bhopal fait toujours peur. Et les voisins immédiats du complexe chimique ont connu lundi 1er avril un instant de terreur qu'ils ne sont pas près d'oublier. Le matin, les Bhopalites avaient découvert dans leurs journaux qu'une petite fuite de chlorine s'était produite quatre jours auparavant, le jeudi soir, et qu'une demi-douzaine de personnes, dont trois employés de l'usine, avaient été légèrement affectées. Un garde-barrière de la voie ferrée voisine, terrifié, avait abandonné son poste pendant une demi-heure après avoir ressenti une forte irritation des yeux et de la gorge.

La direction d'Union Carbide expliqua que la fuite *« dénuée de danger »* s'était produite alors que les employés transféraient précisément de la chlorine d'un réservoir souterrain à un camion-citerne. *« La fuite a été promptement neutralisée à l'aide de jets d'eau »*, ajouta-t-on. Rien de grave apparemment, mais les survivants de l'enfer ne regardent jamais vers l'usine de mort sans quelque appréhension.

Lundi matin vers 9 heures, nouvel incident. Une méchante fumée s'échappe du complexe chimique et monte vers le ciel gris. Il pleut sur Bhopal depuis une douzaine d'heures. Parmi les intouchables et les pauvres hères qui habitent les huttes de planches et de branchages autour de l'usine, c'est la panique. On avertit les voisins, la presse locale, les autorités municipales, la police, et la rumeur s'enfle. Un journaliste de Bhopal téléphone à Delhi et parle de quinze mille personnes en fuite. Est-il possible que le désastre d'avant Noël se reproduise ? Tous les stocks d'isocyanate de méthyle n'ont-ils pas été convertis en pesticides, et évacués depuis janvier ?

En fait, on saura plus tard que quelques dizaines de familles seulement ont abandonné en courant leurs misérables cabanes. Un porte-parole d'Union Carbide expliquera peu après que la colonne de vapeur résultait d'une simple réaction chimique, encore une fois *« sans danger »* entre l'eau de pluie et quelques litres d'acide chlorosulphonique répandus sur le sol. On apprendra ainsi que sur les 150 tonnes d'acide précédemment stockées dans l'usine, il en reste 27 tonnes. Union Carbide cherche à se débarrasser de toutes ses réserves de produits chimiques, mais les acquéreurs ne semblent pas se bousculer devant le portail de l'usine. Il resterait aussi 10 000 litres de chloroforme à saisir.

Officiellement, le complexe est fermé depuis le 4 décembre, et les autorités provinciales du Madhya-Pradesh, dont Bhopal est la capitale, écartent pour l'instant toute éventualité de reprise d'exploitation. Le gouvernement fédéral de M. Gandhi étudie pour sa part la possibilité d'une nationalisation et négocie avec la société mère américaine (détentrice de 50,9 % du capital d'Union Carbide-Inde) l'éventualité d'un règlement financier de la catastrophe à l'amiable et hors tribunal. En attendant, une chose est sûre, quatre mois après la terrible nuit du 3 décembre, Bhopal est loin d'avoir retrouvé sa sérénité.

PATRICE CLAUDE.

« Le Monde », 3-4 juin 1985.

Quinze partout

1. Savez-vous distinguer les visions du passé?
Nous étions en novembre. La nuit tombait tôt. Il commençait à faire froid. (sortir) sans manteau, (attraper) une bonne bronchite qui (durer) un mois.

....

2. Savez-vous distinguer les visions du passé?
J'ai habité Rio de Janeiro pendant dix ans. Mon appartement (donner) sur la baie et sur d'immenses palmiers que j'(admirer) tous les matins en me réveillant.

....

3. Savez-vous distinguer les visions du passé? Insérez l'énoncé suivant dans un contexte : « Je n'ai pas pu le prévenir. » (2 à 3 lignes)

....

4. Savez-vous distinguer les visions du passé? Insérez l'énoncé suivant un contexte : « Je partais de chez moi à huit heures du matin. » (2 à 3 lignes)

....

5. Exprimez votre manque de mémoire. Vous cherchez votre montre. Vous ne savez plus où vous l'avez posée.

....

6. Exprimez votre hésitation. Vous vous demandez quoi faire ce soir.

....

7. Mettez un lieu en relief. « Tu connais Bordeaux? »

....

8. Des amis sont venus vous faire une visite. Vous insistez pour qu'ils restent dîner.

....

9. Un ami vient d'être reçu à un examen. Exprimez votre satisfaction.

....

10. Vous acceptez de prêter un livre auquel vous tenez à condition que...

....

11. Puisque...
Vous pouvez rentrer chez vous maintenant.

12. Finissez la phrase suivante : « Non, non, vous ne me dérangez pas, d'ailleurs... »

....

13. Parlez d'une action antérieure : « Je vous reproche de ne pas (venir). »

....

14. Exprimez votre étonnement et demandez-vous pourquoi vos collègues du bureau voisin rient tellement.

....

15. Connaissez-vous la forme passive? Transformez la phrase suivante :
« Cette lettre ne comporte pas de signature. »

....

Unité 10
Attentes et incertitudes

139. Savez-vous exprimer la durée?

A *Lisez ce dialogue :*

■ Comment

• *Exprimer la durée :*
– J'ai travaillé ici pendant cinq ans.
– Il est parti pour une quinzaine de jours.
– Il est parti il y a trois jours.
– Je le sais depuis cinq minutes.
– J'ai toujours habité Paris.
– L'exposition a duré trois mois.
– Il a fait le tour du monde en quatre-vingts jours.
– Il attendra jusqu'à ce que sa voiture soit réparée.
– J'ai dormi toute la journée, toute la soirée.
– Ça fait quinze jours que j'attends sa réponse.

L'ordinateur

– Je n'ai pas reçu de réponse pour les réservations que j'ai faites par correspondance pour le 21 décembre.

– Vous avez écrit il y a longtemps?

– Ça fait un mois. Depuis le temps, j'aurais dû recevoir une réponse.

– Je vais consulter l'ordinateur. Attendez un instant.

– Je ne peux pas attendre pendant cent sept ans.

– Patientez, vous aurez la réponse au bout d'une minute.

– Patienter, patienter, ma vie n'est qu'une patience. Je passe ma vie à attendre. Ça fait cinq ans que je croupis dans le même boulot, dix ans que j'économise pour m'agrandir, quinze ans que j'attends de rencontrer le grand amour.

– Alors vous pouvez bien attendre dix secondes la réponse d'un ordinateur. La voilà, votre réponse, vous avez vos places. Vous voyez bien, faut pas vous en faire autant, faut vivre, Monsieur, vivre.

Soulignez dans le texte ce qui indique la durée.

Relevez les expressions relatives à l'attente.

....
....
....
....
....

Racontez oralement un épisode de votre vie au cours duquel vous avez dû attendre avec impatience et pendant longtemps soit une personne, soit une réponse, soit une décision vous concernant.

B *Savez-vous dire depuis combien de temps vous faites quelque chose?*

Tu es en France depuis longtemps? (deux ans).
▶ **Je suis en France depuis deux ans.**

Il y a longtemps que tu es en France? (deux ans).
▶ **Il y a deux ans que je suis en France.**

Donnez les deux réponses :

1. – Ça fait longtemps que tu la connais?

– ....

– ....

Dates

Le joli mois de mai s'ouvre sur un déluge d'anniversaires.

Il y a trente-neuf ans, le 8 mai 1945, les Allemands perdaient la guerre face aux Alliés. Il y a trente ans, le 7 mai 1954, les Français perdaient l'Indochine dans la cuvette de Dien-Bien-Phu.

Il y a vingt-six ans, le 13 mai 1958, les pieds-noirs crurent qu'ils ne perdraient jamais l'Algérie. Dix ans plus tard, le 13 mai 1968, la gauche rêva à une victoire sur le gaullisme.

Il y a trois ans, le 10 mai 1981, le peuple français fit un vainqueur et un vaincu.

Chacun peut trouver l'occasion de commémorer l'euphorie d'une bataille gagnée. Victoires chèrement acquises, mais jamais acquises.

BRUNO FRAPPAT.

« Le Monde », 8 mai 1984.

2. – Tu attends depuis combien de temps?

 – ....

 – ....

3. – Il neige depuis longtemps?

 – ....

 – ....

4. – Tu travailles depuis longtemps?

 – ....

 – ....

5. – Ça fait longtemps qu'il dort?

 – ....

 – ....

6. – Il y a longtemps que vous êtes à table?

 – ....

 – ....

C *A la manière de Prévert complétez le paragraphe manquant selon votre imagination en respectant le sens du texte.*

Le dromadaire mécontent

Un jour, il y avait un jeune dromadaire qui n'était pas content du tout. La veille, il avait dit à ses amis : « Demain, je sors avec mon père et ma mère, nous allons entendre une conférence, voilà comme je suis, moi. » Et les autres avaient dit : « Oh, oh, il va entendre une conférence, c'est merveilleux », et lui n'avait pas dormi de la nuit tellement il était impatient et voilà qu'il n'était pas content parce que la conférence n'était pas du tout ce qu'il avait imaginé : il n'y avait pas de musique et il était déçu, il s'ennuyait beaucoup, il avait envie de pleurer.

Depuis une heure trois quarts...

....

....

....

....

....

....

....

....

....

....

Le jeune dromadaire souffrait de la chaleur, et puis sa bosse le gênait beaucoup ; elle frottait contre le dossier du fauteuil ; il était mal assis, il remuait.

Alors sa mère lui disait : « Tiens-toi tranquille, laisse parler le Monsieur », et elle lui pinçait la bosse. Le jeune dromadaire avait de plus en plus envie de pleurer, de s'en aller...

Toutes les cinq minutes, le conférencier répétait : « Il ne faut surtout pas confondre les dromadaires avec les chameaux, j'attire votre attention sur ce fait : le chameau a deux bosses, mais le dromadaire n'en a qu'une ! »

Tous les gens de la salle disaient : « Oh, oh très intéressant », et les chameaux, les dromadaires, les hommes, les femmes et les enfants prenaient des notes sur leur petit calepin.

Et puis le conférencier recommençait : « Ce qui différencie les deux animaux, c'est que le dromadaire n'a qu'une bosse, tandis que, chose étrange et utile à savoir, le chameau en a deux... »

A la fin, le jeune dromadaire en eut assez[1] et se précipitant sur l'estrade il mordit le conférencier : « Chameau[2] ! » dit le conférencier furieux.

Et tout le monde dans la salle criait : « Chameau, sale[3] chameau, sale chameau ! »

Pourtant c'était un dromadaire, et il était propre.

Jacques Prévert, *Histoires,* « Folio », Gallimard.

---

1. **En avoir assez :** être fatigué, passé simple (littéraire).
2. **Chameau :** méchant.
3. L'adjectif **« sale »** apparaît souvent dans les jurons.

140. Savez-vous dire depuis quand vous faites quelque chose?

A *Lisez ce texte :*

■ **Comment**

• *Indiquer le temps :* (voir l'exercice 14 du cahier 1).
Hier, la veille, l'avant-veille, le jour précédent, trois jours avant, depuis les vacances, depuis Noël, depuis 1968, depuis six heures du matin, depuis le traité de Rome, demain, le lendemain, le surlendemain, trois jours après, le jour d'après.

• *Dans le passé :*
Cela remonte au temps où, cela date du temps où.

Un indicateur de lieu à la mode chez les journalistes :
Nous vous parlons « depuis » la maison de la Radio.
Une nouvelle transmise « depuis » Londres.

Le « boulonneur »[1]

– Tu as pris toutes tes vacances?

– Non, il me reste huit jours à prendre.

– Fais gaffe[2], il faut les prendre avant le 1er mai.

– Je sais, je n'ai pas eu le temps de les prendre depuis août dernier. J'ai beaucoup de travail.

– Depuis août, ça fait huit mois, c'est long.

– Oui, mais mon travail m'intéresse et puis je vais te dire un truc, j'aime pas les vacances.

– Ah ben ça, c'est pas ordinaire!

– J'aime tellement mon boulot que les vacances, ça m'ennuie.

– Fais un voyage.

– Mais je voyage tout le temps pour le bureau. J'ai encore fait un voyage en Italie il y a un mois. Qu'est-ce que tu veux que je demande de plus?

– Toi au moins, il en faut peu pour te satisfaire.

– Au contraire, tu n'as rien compris.

Soulignez dans le texte ce qui fait référence au temps.

Vous êtes allé(e) en Italie pour votre bureau.
Faites un court rapport de mission destiné à votre directeur (10 à 20 lignes)

....
....
....
....
....
....
....
....
....
....
....
....
....
....
....

---

1. **Le « boulonneur »** : travailleur, qui aime le travail.
2. **Fais gaffe** : fais attention.

G

B *Construisez des phrases en utilisant* **depuis :**

             – Tu fais du foot? Depuis quand? (la rentrée).

▶ **– Je fais du foot depuis la rentrée.**

1. – Tu es en France depuis quand? (le 3 janvier 1979)

   – ....

2. – Tu regardes la télé depuis quelle heure? (deux heures et quart)

   – ....

3. – Tu fumes? Depuis quand? (l'âge de quinze ans)

   – ....

4. – Il ne travaille plus? Depuis quand? (la mort de son chien)

   – ....

5. – Tu m'attends depuis quand? (le déjeuner)

   – ....

6. – Depuis quand l'ascenseur est-il en panne? (hier)

   – ....

Peine aggravée en appel
pour un gourou

Michel Ballias, quarante-quatre ans, plus connus sous le pseudonyme de « Suhridan Sarva Duhtaman » (l'Ami de tous les êtres), a été condamné à trois ans de prison par la cour d'appel d'Aix-en-Provence, qui a rendu son arrêt le 10 mai dans la nuit.

Il était poursuivi pour non assistance à personne en danger, après la mort de l'un de ses adeptes diabétique et avait été condamné en première instance, le 17 janvier 1985, à deux ans de prison. Ancien représentant de commerce, le gourou imposait à ses fidèles une vie ascétique, et surtout un régime draconien composé uniquement de fruits et de citronnades. Cette cure avait été fatale, le 10 juin 1980, à Thierry Villa, vingt-six ans, diabétique depuis l'adolescence.

Trois jeunes femmes dévouées à Michel Ballias étaient aussi poursuivies. Le tribunal correctionnel les avait condamnées à six mois de prison avec sursis, leur peine a été réduite à trois mois avec sursis.

« Le Monde », 14 mai 1985.

---

141. Savez-vous mettre en rapport un état qui dure et un événement passé?

G

A *Complétez les phrases selon le modèle suivant :*

Je fais du français depuis que...

▶ **Je fais du français depuis** { **que je suis en France.**
{ **que j'ai découvert Ionesco.**

1. Elle aime le tennis depuis que ....

....

• *Au passé composé, on peut employer les constructions suivantes :*
Action positive :
– **Je suis allée** à Dijon **il y a** deux ans.
   Action négative :
– **Je ne suis pas** allé à Dijon **depuis** deux ans.

• *L'énoncé :*
– **Je ne suis pas allé** à Dijon **il y a** deux ans, au moment de la mort de Charles, *ne désigne pas le temps écoulé, mais la date.*

2. Elle plonge depuis que..

....

3. J'ai chaud depuis que...

....

4. J'ai mal depuis que...

....

5. Il est triste depuis que..

....

6. Il ne veut plus me parler depuis que ....

....

B *Savez-vous répondre en posant une question pour ne pas répondre ou pour éluder? (Utilisez* **il y a, ça fait, depuis,** *etc.)*

1. – Tu me trompes?

    – ....

2. – Tu as vu Corinne récemment?

    – ....

3. – Tiens, vous avez une nouvelle chaîne stéréo?

    – ....

4. – Vous faites de la gym toutes les semaines cette année? Je pourrais aller avec vous?

    – ....

5. – Quel âge avez-vous? Vous avez l'air bien jeune.

    – ....

C *Savez-vous exprimer le temps qui s'est écoulé depuis un événement passé?*

G

> – Quand est-il parti pour l'Amérique latine?
> ▶ – **Il y a huit jours.**

Trouvez la réponse :

1. – Elle a téléphoné?

    – ....

2. – Vous avez vu André récemment?

    – ....

3. – Quand avez-vous acheté votre magnétoscope?

....

Trouvez la question :

4. – ....

    – C'était il y a trois mois.

5. – ....

– Nous avons changé il y a trois mois.

6. – ....

– Oui, nous l'avons vue il y a huit jours.

D Lisez ce texte :

Il y a longtemps – mais longtemps ce n'est pas assez pour vous donner l'idée... Pourtant comment dire mieux ?

Il y a longtemps, longtemps, longtemps : mais longtemps, longtemps.

Alors un jour... non, il n'y a pas de jour, ni de nuit, alors une fois, mais il n'y avait... Si, une fois, comment voulez-vous parler ? Alors, il se mit dans la tête (non, il n'y avait pas de tête), dans l'idée... Oui, c'est bien cela, l'idée de faire quelque chose.

Charles Cros, 1842-1888, *Autrefois.*

Sur le vif

Adoption

J'ai un copain au journal, lui et sa femme ont adopté il y a une dizaine d'années un adorable bébé confié par la DASS. L'autre jour, on sonne à leur porte. Elle va ouvrir. C'est un monsieur sévèrement vêtu de gris anthracite, une lourde serviette sous le bras. Il se présente :

– Je viens pour l'adoption. Pour voir si tout se passe bien.

– Ben, vous avez mis le temps , dîtes donc ! Il est pas super-rapide votre service après vente. Remarquez on n'a pas à se plaindre, on est très heureux, il est merveilleux.

– Excusez-moi, madame, mais c'est pas le problème. Nous, ce qui nous intéresse, c'est pas vous, c'est lui. On veut savoir s'il est bien, s'il se plaît ici.

– Ah ! ça, faut lui demander, mais il est pas là.

– Comment ça, il est pas là ? Il est fugueur ou quoi ?

– Non, pourquoi fugueur ? Il est sorti, c'est tout.

– C'est insensé, vous le laissez se balader, comme ça sans surveillance ?

– Vous ne voudriez tout de même pas que je le tienne en laisse.

– Je vous dis pas, mais enfin quand même, c'est pas prudent... Un petit Persan de...

– Qu'est-ce que vous racontez ? Il est pas persan Michel.

– Michel ? J'ai pas ce nom-là dans mes dossiers. Voyons... permettez que j'ouvre le vôtre... C'est bien ce que je disais, c'est pas Michel, c'est Félix.

– Mais ça, c'est le nom du chat.

– Forcément. Je viens pour lui.

– Quoi, vous n'êtes pas la DASS ?

– Non, on est l'Assistance aux animaux. Nous, nos adoptés, on ne les abandonne pas comme ça à des gens qu'on ne connaît pas. Ou à peine. On vient vérifier, voir s'ils sont bien traités, s'ils ont bon appétit, bon moral, s'ils sont contents.

Mes copains, ils n'en sont pas revenus. Dix ans avec un gosse sans voir personne. Le chat, au bout d'un mois, on les contrôle... S'ils adoptent un jour un petit étranger, croyez moi, ce sera un Birman.

CLAUDE SARRAUTE.

« Le Monde », 23 mars 1985.

142. Savez-vous exprimer le temps écoulé depuis le dernier accomplissement de l'action?

A *Complétez les phrases suivantes :*

■ **Remarquez**

• *Cet exercice ne peut pas fonction-ner avec les verbes exprimant une durée.* On ne peut dire :
– Il y a une heure qu'il a travaillé.

• *On dira :*
– **Je suis allé à Caen il y a huit jours,** mais si la phrase est accom-pagnée d'un commentaire, on dira plus volontiers :
– **Il y a longtemps que je ne suis pas allé à Caen, parce que j'habitais l'étranger.**

　　– Séverine n'est toujours pas arrivée?
　　– Non, pourtant...
▶ – **Non, pourtant ça fait (il y a) une demi-heure qu'elle est partie de chez elle.**

1. – Il n'a toujours pas maigri?

　　– Non, pourtant ....

2. – Elle n'a pas encore donné de ses nouvelles?

　　– Non, pourtant ....

3. – Philippe habite dans son nouvel appartement?

　　– Non, pourtant ....

4. – Tu as reconnu André?

　　– Non, pourtant ....

B *Répondez négativement aux questions en utilisant* **il y a** *ou* **depuis** *et en donnant une bonne raison :*

　　– Vous êtes allés à Caen il y a longtemps?
▶ – **Ça fait longtemps qu'on n'y est pas allés,**
▶ – **Il y a longtemps qu'on n'y est pas allés,**　　**parce qu'on habitait l'étranger.**

1. – Vous êtes allés au théâtre ces jours-ci?

　　– ....

2. – Vous avez revu les Poitevin récemment?

　　– ....

3. – Tu as fait des missions à l'étranger cet hiver?

　　– ....

4. – Tu as pensé à faire la révision des 60 000 km?

　　– ....

5. – Vous êtes retournés en Bretagne ces dernières années?

　　– ....

6. – Quelles sont vos dernières lectures?

　　– ....

143. Savez-vous vous repérer dans le temps?

AU JOUR LE JOUR

Barbarie

Au Vietnam, dix ans après la fin de la guerre, des habitants fuient encore leur pays : il y a toujours des « boat people » à la dérive.

En Afrique du Sud, des milliers de mineurs ont été chassés de leur emploi et de leur logement à coups de bottes pour fait de grève.

Au Liban, l'exode massif et désespéré des chrétiens continue sur les routes du Sud.

En Ethiopie, des dizaines de milliers d'affamés sont chassés par l'armée d'un camp de réfugiés.

L'Europe célèbre le quarantième anniversaire de la victoire sur l'une des formes de la barbarie. Il en reste d'autres.

BRUNO FRAPPAT.

« Le Monde », 4 mai 1985.

Remplissez les cases avec les mots suivants : **dans, depuis, après, à partir de, au bout de :**

1. ....*À partir de*.... janvier, nous ferons de la grammaire le lundi matin.

2. ....*Depuis*.... mardi, il gèle dans toute la région.

3. Maintenant on travaille, mais ....*au bout de/après*.... quinze jours, il y aura un jour de congé.

4. Il passera vers midi, mais il repartira un quart d'heure ....*après*....

5. ....*Au bout de/après*.... la semaine prochaine, j'irai à la piscine le lundi.

6. ....*Dans*.... la rentrée scolaire, il n'arrête pas d'être malade.

7. Il en avait marre. Il est parti ....*après*.... d'une heure.

8. Il est parti dans le Midi pour un colloque. Il reviendra ....*dans*.... deux jours.

9. ....*Après*.... une semaine de vacances, il aura retrouvé sa forme.

10. Son train arrive à midi. Il a un train de banlieue un quart d'heure ....*après*....

---

144. Savez-vous exprimer qu'une action a commencé?

■ Comment

• *Indiquer le commencement d'une action :*
– Le médecin reçoit **de** 14 h **à** 20 h.
– Il est parti **depuis** mardi.
– Les horaires des trains changent **à partir du** 18.
– Elle n'a plus travaillé **du jour où** elle a été mariée.
– Il a **commencé** à travailler **le jour où** ses parents lui ont coupé les vivres.

Serge Gainsbourg.

Lisez ce texte. Trouvez les premières et les dernières répliques :

Le fumeur invétéré

– ....

– ....

– Fais gaffe, tu vas attraper un cancer du poumon.

– Je fume depuis qu'on m'a mis en pension. J'étais tellement malheureux. Ça a commencé comme une drogue.

– Tu as déjà essayé de t'arrêter?

– En dix ans, j'ai tout essayé, le jour où je suis sorti de pension, je me suis mis à fumer la pipe mais ça n'a pas duré. J'ai « craqué » au bout de trois mois.

– Essaye le chewing-gum!

– ....

– ....

Répondez aux questions suivantes :

1. A quel âge vous êtes-vous mis à fumer et dans quelles circonstances?

....

2. Avez-vous déjà essayé d'arrêter et par quels moyens?

....

3. Si vous ne fumez pas, dites quelle est votre passion favorite et depuis quand ou à quelle occasion cela a commencé.

....

---

145. Connaissez-vous la concordance des temps?

G

A *Savez-vous décrire une action antérieure?*

Je me suis demandé comment vous (trouver).
▶ **Je me suis demandé comment vous aviez trouvé.**

Compléter le texte suivant :

Chère Catherine,

Nous étions sans nouvelles de vous. Je me suis demandé si ....

.... et dans quel hôtel vous .... J'étais inquiète et

sachant que les banques étaient fermées je me suis demandé si vous

.... pour ce long week-end. J'avais oublié de vous dire que

nous .... et j'espérais que vous .... de passer

par les renseignements téléphoniques. Nous nous sommes demandé ce que

vous .... tous ces jours de pluie et nous étions vraiment

désolés de ne pas pouvoir vous joindre. Finalement Monique nous a dit

où vous .... Si le cœur vous en dit, venez à la maison, nous

pouvons vous loger tous les quatre. J'attends votre appel. Bien amicalement.

Françoise.

G
✳

B *Savez-vous décrire une action antérieure?*

1. – Tu lui as donné nos coordonnées?
   – Je ne sais plus.
   « On s'est demandé si on .... nos coordonnées. »

2. – D'où est-ce qu'il a téléphoné, il n'a pas le téléphone et à cette heure-ci...
   – Comment veux-tu que je le sache? Il était peut-être dans une cabine?
   « Après le coup de fil de Jean-Louis, ils se sont demandé d'où ....

   .... »

3. – Je ne comprends pas pourquoi Gilles a déménagé.
   – Moi non plus, je ne comprends pas, il était au large rue des Fleurs.
   « Les parents de Gilles n'ont pas compris pourquoi ....

   .... »

4. – Avec le travail qu'il doit avoir, je me demande comment il a trouvé le temps d'écrire.
   – Il doit le faire le soir tard en rentrant à l'hôtel.
   « Ces gens se sont demandé comment leur ami ....

   .... »

146. Savez-vous utiliser les temps pour exprimer une action passée ou future?

G

A *Intégrez les informations suivantes dans des phrases commençant par :* **J'allais oublier de vous dire que.**

– Olivier vient ce soir. J'ai oublié de te le dire.
▶ – **J'allais oublier de te dire qu'Olivier venait ce soir.**

– J'ai laissé les places de théâtre au bureau. Il faut y repasser.
▶ – **J'allais oublier de te dire que j'avais laissé les places de théâtre au bureau et qu'il fallait y repasser.**

1. Martine a changé d'avis. Finalement, elle part « cet aprem » à 4 heures.

....

2. Michel a téléphoné pour toi. Il veut que tu le rappelles.

....

3. Claude s'est décommandé, il ne vient pas demain.

....

4. Claudine est passée tout à l'heure, elle a laissé un message pour toi.

....

G

B *Savez-vous dire que vous ne saviez pas que quelque chose s'est passé ou se passera?*

▶ **Je ne savais pas que le ministre du Commerce avait démissionné.**
▶ **Je ne savais pas que l'Europe enverrait une navette spatiale dans les années à venir.**

1. – Tu sais, elle a perdu son père il y a deux jours. Il était cardiaque.

– Je ne savais pas ....

2. – Nous nous sommes cassé le nez à Giverny[1] lundi. C'est fermé ce jour-là.

– C'est idiot, je ne savais pas ....

3. – Il faut hospitaliser cet enfant d'urgence.

– Je ne pensais pas ....

4. – Pierre vient pour le week-end. Il faudra que tu libères ta chambre.

– Pierre, je l'aime bien, mais je ne pensais pas ....

C *Trouvez le maximum de questions ou d'énoncés pouvant précéder ou suivre les énoncés suivants (au choix) :*

– Je ne savais pas qu'il n'avait pas son permis.
– Je ne savais pas que tu étais malade dans le TGV.
– Il ne savait pas que son patron était rentré de l'étranger.

_____

1. **Giverny :** maison du peintre Claude Monet.

147. Savez-vous répondre en vous excusant?

■ **Comment**

• *S'excuser :*
Je suis impardonnable.
Je ne l'ai pas fait exprès.
J'ai fait cela sans mauvaise intention.
Je ne voulais pas vous vexer, vous faire de peine.
J'ai cru bien faire.
Je suis vraiment, franchement désolé, navré.
Je ne le ferai plus, je ne recommencerai plus.
Je vous fais toutes mes excuses.

A *Lisez ce dialogue :*

Le gaffeur

— Comment va ta femme?
— Je ne sais pas.
— Comment tu ne sais pas?
— J'ai divorcé le mois dernier.
— Je suis désolé, excuse-moi, je ne savais pas. Je ne voulais pas remuer un point sensible.
— Ça ne fait rien, ce sont des choses qui arrivent. Personne n'est au courant, tu ne pouvais pas deviner.
— Et ta mère, comment va ta mère?
— Elle est morte il y a trois mois.
— Je suis effondré. Je ne l'ai pas su. Je t'aurais écrit.
— Parlons de choses plus gaies. Tu as vu le dernier ballet de Béjart?

B *Vous aviez rendez-vous avec des amis qui avaient réservé des places dans un restaurant de luxe. A la dernière minute, vous avez eu un empêchement et vous les avez laissé tomber. Écrivez une lettre d'excuses en proposant une solution de réparation.*

C *Savez-vous présenter des excuses par oral ou par écrit? Précisez votre choix.*

▶ **Je suis horriblement en retard. Excusez-moi.**

1. Excusez-vous de ne pas avoir répondu à une lettre.

....

⇒ N° 698 **TÉLÉGRAMME**   Étiquettes   N° d'appel : ....
                                                      INDICATIONS DE TRANSMISSION

		Ligne de numérotation		N° télégraphique	**Taxe principale.**		Timbre à date	
ZCZC								

Taxes accessoires)   N° de la ligne du P.V. : ....

Total . .   Bureau de destination   Département ou Pays

Bureau d'origine	Mots	Date	Heure	Mentions de service

Services spéciaux demandés : (voir au verso)   Inscrire en **CAPITALES** l'adresse complète (rue, n° bloc, bâtiment, escalier, etc...), le texte et la signature (une lettre par case ; **laisser une case blanche entre les mots**).

URGENT   Nom et adresse   B O U L A N G E R   A G A T H E

1 3   R U E   D E S   M A R R O N N I E R S

4 9 4 0 0   S A U M U R

TEXTE et éventuellement signature très lisible

D É S O L É   O B L I G É   A N N U L E R   S O I R É E   S A M E D I

G R A N D - M È R E   D É C É D É E   T E   T É L É P H O N E R A I

M A R D I   S O I R   A M I C A L E M E N T

A R N A U D

Pour accélérer la remise des télégrammes indiquer le cas échéant, le numéro de téléphone (1) ou de télex du destinataire   Pour avis en cas de non remise, indiquer le nom et l'adresse de l'expéditeur (2) :
TF .... TLX ....   ARNAUD LE GOFF   11e rue de Brest 94300 Vincennes

2. Excusez-vous d'avoir oublié un rendez-vous.

....

3. Excusez-vous de vous être mis en colère contre un collègue.

....

4. Excusez-vous d'être obligé de déplacer un rendez-vous avec quelqu'un
que vous ne connaissez pas bien.

....

5. Excusez-vous d'avoir vexé quelqu'un en lui faisant une réflexion[1].

....

6. Excusez-vous d'avoir fait une « gaffe » ou une réflexion.

....

_____

1. **Faire une réflexion :** dire quelque chose de désagréable à quelqu'un.

148. Quelques devinettes

Cochez la bonne réponse :

1. Olivier aurait dû prendre un taxi.
   - ☐ Olivier a pris un taxi.
   - ☐ Olivier n'a pas pris de taxi.

2. Je ne suis pas sûr qu'elle vienne.
   - ☐ Elle viendra sûrement.
   - ☐ Elle viendra peut-être.

3. Il aurait pu me prévenir.
   - ☐ Il a prévenu.
   - ☐ Il n'a pas prévenu.

4. Je n'ai pas osé l'inviter.
   - ☐ Il a invité son ami.
   - ☐ Il n'a pas invité son ami.

5. Catherine a failli te téléphoner.
   - ☐ Catherine a téléphoné.
   - ☐ Catherine n'a pas téléphoné.

6. Je serais venu si j'avais su qu'on dansait.
   - ☐ Il est venu.
   - ☐ Il n'est pas venu.

7. J'allais oublier de te dire que Michel venait ce soir.
   - ☐ Michel viendra.
   - ☐ Michel est venu.

8. Il devait me téléphoner.
   - ☐ Il n'a pas téléphoné.
   - ☐ Il a téléphoné.

9. Il aurait pu faire le problème de l'examen.
   - ☐ Il a passé l'examen.
   - ☐ Il n'a pas passé l'examen.

149. Savez-vous exprimer votre optimisme ou votre pessimisme?

A
        – Quand je te disais qu'elle était toujours en retard!
▶ **– Mais elle n'est jamais en retard, elle va arriver, d'une minute à l'autre.**

1. – Ce que tu es désinvolte! On va le rater, cet avion!

   – ....

2. – Pourvu qu'il soit reçu à son examen!

   – ....

3. – Ce qu'elle serait jolie, si elle était mieux « attifée[1] »!

   – ....

4. – Je te disais bien qu'il ferait mauvais!

   – ....

B   *Complétez le dialogue suivant. Il s'agit de remonter le moral de quelqu'un :*

« La déprime »

– Je suis crevée, « j'ai pas envie » de sortir.

   – ....

– Et puis, je me sens « moche ».

   – ....

– Je me fais du souci, je crois que la « boîte » va fermer.

   – ....

– On pourra jamais payer les impôts avec les traites de « l'appart ».

   – ....

– Et puis on pourra pas partir en vacances, cette année.

   – ....

1. **Attifée** (familier) : habillée.

150. Savez-vous répondre à côté de la question pour éluder?

        – J'en ai marre, je suis vraiment au bout du rouleau[1].
▶ **– Les enfants sont rentrés?**

1. – Alors, vous avez été augmenté?

   – ....

2. – Vous serez des nôtres le 19, on va dîner et danser après?

   – ....

1. **Au bout du rouleau** : très fatigué, exténué nerveusement.

3. – Est-ce que votre mari a trouvé une situation?

    – ....

4. – Tu l'as payé cher, ton appartement?

    – ....

5. – Je viendrai volontiers faire un séjour chez toi quand tu habiteras Rome.

    – ....

6. – Qu'est-ce que vous faites pour le réveillon du 31 décembre?

    – ....

151. Savez-vous exprimer la postériorité ou la simultanéité?

Un seul sujet :

    – Vous restez ici longtemps?

    – Je range mes affaires puis je vous laisse la place.

▶ – **Le temps de ranger mes affaires, je vous laisse la place.**

Deux sujets :

    – Vous êtes prêts?

    – Les enfants finissent de déjeuner puis nous partons.

▶ – **Le temps que les enfants finissent de déjeuner, nous partons.**

A *La postériorité : un seul sujet et le verbe à l'infinitif :*

1. – Tiens te voilà, qu'est-ce qui se passe? Tu déjeunes?
   – J'avale un morceau puis je repars.

    – ....

2. – Vous quittez Lyon aujourd'hui?
   – Je fais le plein puis je prends la route.

    – ....

3. – Vous ne restez pas pour la discussion?
   – Je téléphone chez moi puis je reviens à la réunion.

    – ....

B *La postériorité et/ou la simultanéité : deux sujets et le verbe au subjonctif :*

4. – C'est bête, cette panne, ça va nous faire arriver tard à Paris.
   – Pendant que le garagiste fait la réparation, nous pouvons prendre un pot.

    – ....

5. – Je ne sais vraiment pas quoi faire, il est vraiment très fiévreux.
   – En attendant le médecin, on peut lui donner de l'aspirine.

    – ....

6. – Il fait glacial dans cette gare, on est en plein courant d'air.
   – Pendant qu'ils prennent leurs billets, on peut aller acheter des journaux.

    – ....

C *Répondez en utilisant* **le temps de** *ou* **le temps que** :

Oral :

— Tu viens, on part, on est déjà en retard. On ne pourra jamais se garer.

— ....

Écrit :

Madame,

Malgré plusieurs relances, vous restez nous devoir la somme de 3 530,12 F correspondant à notre facture 2148.

En conséquence, nous vous demandons de bien vouloir nous faire parvenir cette somme par retour du courrier. Sans réponse de votre part, dans les dix jours à réception de la présente, nous remettrons votre dossier à notre service contentieux dont les frais resteront à votre charge.

Dans l'attente de votre règlement, nous vous prions, Madame, d'agréer l'expression de nos sentiments distingués.

J.-C. Lebrun.

1. De combien de temps la cliente dispose-t-elle pour payer sa facture?

....

2. Que fera le commerçant si elle ne paye pas dans les délais proposés?

....

152. Connaissez-vous les pronoms *qui* et *que*?

A *Trouvez la fin des phrases dans la colonne de droite* :

Louis Jouvet et Madeleine Ozeray jouant Ondine *au théâtre de l'Athénée en 1939.*

Le livre ...... •   • est assise près de la fenêtre est

La jolie brune ...... •   portugaise.

Le numéro de téléphone ...... •   • je t'ai prêté n'est pas à moi.

Le nouveau prof de maths ...... •   • j'avais dressé est mort.

Le petit perroquet ...... •   • était dans le frigidaire.

J'ai fini le reste de gâteau ...... •   • j'ai acheté au bureau de tabac.

Je ne retrouve plus le stylo ...... •   • j'avais laissé sur mon bureau.

J'ai perdu le briquet ...... •   • je t'ai donné est faux.

Les enfants ont cassé toutes •   • est venu hier n'est pas sympa.

les bouteilles ...... •   • étaient empilées dans le garage.

B *Lisez ce texte* :

Ondine

BERTHA. — Vous plaisantez, Hans! Vous avez épousé une femme qui ne lit pas, qui n'écrit pas, qui ne danse pas!

LE CHEVALIER. — Oui. Et puis qui ne récite pas. Et qui ne joue pas de la flûte à bec. Et puis qui ne monte pas à cheval. Et qui pleure à la chasse.

BERTHA. — Que fait-elle?

LE CHEVALIER. — Elle nage... Un peu...

Jean Giraudoux, *Ondine*, 1939, Grasset, © J.-P. Giraudoux.

153. Pages littéraires

L'attente

Le narrateur, invité par un ami, arrive par un soir de vent et de pluie en 1917, dans un village d'où l'on entend les bruits de la guerre. Le maître de maison n'est pas au rendez-vous, la maison reste silencieuse.

Onze heures sonnèrent, et presqu'aussitôt le reflet de la lumière se mit à bouger au plafond du couloir. De nouveau, je me levai de mon fauteuil d'un bond. Je n'imaginais plus rien : les nerfs tendus, je regardais sur le plafond du couloir bouger cette lueur qui marchait vers moi. Je n'attendais rien : la gorge serrée, je n'étais plus qu'attente; rien qu'un homme dans une cellule noire qui entend un pas résonner derrière sa porte. La lueur hésita, s'arrêta une seconde sur le seuil, où le battant de la porte ouverte me la cachait encore; puis la silhouette entra de profil et fit deux pas sans se tourner vers moi, le bras de nouveau élevant le flambeau devant elle sans aucun bruit.

J'ai rarement – je n'ai peut-être jamais, même dans l'amour – attendu avec une impatience et une incertitude aussi intenses – le cœur battant, la gorge nouée – quelqu'un qui pourtant ici ne pouvait être pour moi qu' « une femme », – c'est-à-dire une question, une énigme pure. Une femme dont je ne savais rien, ni le nom, ni approximativement qui elle pouvait être – ni même le visage qui ne s'était jamais laissé apercevoir qu'à la dérobée, et qui conservait toute l'indécision du *profil perdu*. (...) Mais même en cet instant d'attente et de tension pure, où je ne m'appartenais plus qu'à peine, je fus frappé de tout ce que cette silhouette qui n'avait pas bougé pour moi que sur un fond constamment obscur conservait encore d'extraordinairement *indistinct*. Elle semblait tenir à la ténèbre[1] dont elle était sortie par une attache nourricière qui l'irriguait toute; le flot répandu des cheveux noirs, l'ombre qui mangeait le contour de la joue, le vêtement sombre en cet instant encore sortaient moins de la nuit qu'ils ne la prolongeaient.

Julien Gracq, *La Presqu'île*, Librairie José Corti.

Répondez aux questions suivantes[2] :

1. Quels sont les signes de l'attente : indiquez les indices physiques du personnage.

2. Dans son commentaire, comment le personnage caractérise-t-il son attente?

3. L'objet de l'attente. A l'aide de quelles notations, le personnage décrit-il l'objet de l'attente.

4. Que représente l'objet de l'attente? Qu'est-ce qu'on attend? Est-ce une attente amoureuse?

---

1. **Ténèbre** : emploi littéraire au singulier. « Ténèbres » est toujours employé au pluriel. Les ténèbres sont une obscurité profonde.

2. Si le travail est fait en classe, les élèves peuvent se mettre par groupes pour discuter de ce qu'ils pensent. Ils peuvent imaginer ce que représente cette femme et le raconter en grand groupe.

Quinze partout

1. Exprimez le temps écoulé depuis le commencement d'une action qui continue.
   « Pouvez-vous dire depuis combien de temps vous étudiez le français? »

   ....

2. Décrivez l'action en cours.
   « Depuis quand travaillez-vous l'unité 10? »

   ....

3. Exprimez le temps écoulé depuis un événement passé.
   « Quand avez-vous vu Amadeus? »

   ....

4. Exprimez qu'une action a commencé.
   « (pleurer) quand il m'a annoncé la mort de François. » ....

5. Décrivez une action antérieure.
   « Au moment de quitter l'autoroute, je me suis aperçu(e) que (dépasser) la sortie. »

   ....

6. Décrivez une action antérieure.
   « En recevant votre coup de fil, je me suis demandé qui (donner) mon numéro de téléphone. »

   ....

7. Excusez-vous oralement d'arriver en retard à un rendez-vous.

   ....

8. Excusez-vous par écrit de répondre en retard à une invitation. Précisez le registre.

   ....

9. Exprimez qu'une action a été près de se produire.
   « Je m'ennuyais tellement à ce film que .... »

10. Distinguez-vous *qui* et *que* ?
    « La petite pendule... je t'ai donnée est un souvenir de famille. »

11. Exprimez votre optimisme. Répondez à l'énoncé suivant :
    « Pourvu qu'elle ait mon numéro de téléphone. »

    ....

12. Exprimez votre pessimisme dans la même situation.

    ....

13. Exprimez la simultanéité.
    « Finis ta valise, pendant ce temps je fais du café. »

    ....

14. Ne faites pas comme les Français. Vous, vous faites les accords de participe passé.
    « Ma valise, mais je l'ai (faire)! » ....

    « Ma mère, mais je l'ai (conduire) à la gare! » ....

15. Écrivez un mot de condoléances à quelqu'un qui vient d'avoir un deuil dans sa famille.

    ....

Unité 11
Le futur, c'est demain

154. Savez-vous décrire une action future?

En 1914, Jean Jaurès posait la question à la jeunesse : « Qu'allez-vous faire de vos vingt ans? »

FRANÇAIS SOUS LA DICTÉE

Un championnat de France d'orthographe sera organisé en 1985 par le mensuel *Lire* dont le rédacteur en chef est M. Bernard Pivot. Les candidats seront, notamment, soumis à des épreuves de dictée ; plusieurs phases éliminatoires auront lieu en mai et juin prochains, et une finale est prévue en octobre. Le vainqueur gagnera un tour du monde des pays francophones. Plus d'un million de bulletins de participation seront diffusés par le réseau des guichets du Crédit agricole, les épreuves étant retransmises par RTL. M. Pivot, qui relève régulièrement dans sa revue les erreurs commises dans les livres, souhaite utiliser « la passion pour les jeux intelligents » (les Chiffres et les lettres, le Scrabble) afin « que l'orthographe redevienne une valeur importante ».

« Le Monde », 27 octobre 1984.

Complétez le monologue suivant :

Le velléitaire

Quand je rentrerai chez moi, je ....

Quand j'aurai réparé la tringle à rideaux du salon, je ....

Quand j'aurai tondu le gazon, je ....

Quand j'aurai pris une douche, je ....

Quand j'aurai mis mes pantoufles, je ....

Quand je me serai installé dans mon fauteuil, je me « taperai » un petit whisky

Quand ...., je lirai mon journal.

Quand ...., je me reposerai.

Quand ...., je me mettrai à table.

Si je n'ai pas envie de réparer la tringle, je ....

Si je n'ai pas envie de tondre ....

Si j'ai envie d'un deuxième whisky ....

En attendant, je ....

155. Savez-vous exprimer la postériorité?

■ Comment

• *Exprimer la postériorité :*
- Il a voulu rester après le départ des enfants.
- Après avoir vu les enfants, il est parti.
- Dès son arrivée, le président est allé saluer la reine.
- Je finis ce travail et on part aussitôt.
- Je vais m'en occuper plus tard.

A *Lisez ce dialogue :*

Promesse de plombier

— Allô, allô! j'ai une fuite d'eau, pouvez-vous venir, c'est urgent.

— Je viendrai dès que j'aurai fini ici.

— Mais vous savez, il y a de l'eau partout.

— Je « boucle » mon chantier et je viens aussitôt.

— Mais Monsieur, c'est urgent, je vais avoir des problèmes avec les voisins du dessous.

— Je vous promets de venir après avoir terminé ce que je suis en train de faire.

— Vous ne pouvez pas venir aujourd'hui? Après ce sera le week-end.

– Je viendrai dès que possible, c'est promis.

– Promesse de plombier, on connaît ça !

– Faut pas vous fâcher la petite dame, chaque chose en son temps. Mettez des serpillères.

Repérez ce qui indique la postériorité dans ce dialogue.

B *Exprimez que deux actions sont immédiatement consécutives :*

Les signaux s'éteindront et les passagers auront le droit de fumer.

▶ **Les passagers auront le droit de fumer dès que les signaux se seront éteints.**

1. – Vous me prêterez bientôt votre livre, Jacqueline ?

– ....

2. – Tu viens, on est déjà en retard ?

– ....

3. – Vous avez fini vos comptes ? Les dactylos attendent votre dossier.

– ....

4. – Quand est-ce que je pourrai sortir, docteur ?

– ....

5. – Quand vont-ils remettre l'électricité ?

– ....

C *Quelqu'un vous demande un service. Cela vous ennuie. Vous essayez de vous « défiler[1] » en ne répondant ni oui, ni non. Vous expliquez que vous le ferez dès que possible. Imaginez le dialogue.*

D *Vous écrivez une lettre d'excuse pour ne pas avoir remboursé plus tôt une somme que vous devez à quelqu'un. Vous précisez quand et comment vous avez l'intention de rembourser.*

....

....

....

....

....

....

....

....

....

....

....

....

---

1. **« Se défiler »** : essayer d'échapper à une tâche qui vous ennuie.

156. Savez-vous situer deux actions l'une par rapport à l'autre dans le présent, le passé ou le futur?

A *Lisez ce dialogue :*

Le temps des abricots

— Ils ont promis la semaine de 36 heures.

— Tu y crois, toi?

— Promesse de patron, moi tu sais, je suis d'un tempérament crédule et optimiste.

— En Égypte, on dit « bocra fil mich mich », « demain sera le temps des abricots ».

— En français, on dit « le jour où les poules auront des dents », mais moi, l'évolution des espèces, j'y crois, Darwin, tu connais?

— Toi alors!

B *Complétez les phrases :*

▶ **Je te prêterai la voiture** *le jour où* **tu auras ton permis.**
▶ **Je ne déjeune pas** *les jours où* **je n'ai pas le temps.**
▶ **Il m'a téléphoné** *le jour de* **son accident.**

1. Je suis tombé en panne sur l'autoroute ....

2. Nous faisons grasse matinée ....

3. Elle me fera signe chez elle ....

4. Il a perdu sa montre ....

5. Je prends des somnifères ....

6. On fera un voyage en Chine ....

C *Vous écrivez à un copain qui fait son service militaire en Allemagne et qui a le cafard, pour lui annoncer qu'on vous a promis la semaine de 36 heures. Vous y croyez et vous racontez ce que vous allez faire de vos heures libres.*

....

....

....

....

....

....

....

....

....

....

....

157. Encore et toujours la concordance des temps

A *Savez-vous décrire une action qui avait été prévue?*
▶ J'étais sûr que tu serais en retard.
▶ Je savais que tu serais en retard.
▶ J'avais prévu que tu serais en retard.

1. C'était une mission diplomatique très délicate. C'était sûr que ....
....

2. Elle est très âgée, elle perd la mémoire. J'étais sûr que ....
....

3. Tout le monde sort au moment des fêtes. C'était évident que ....
....

4. Le gouvernement avait prévu que ....
....

5. On a été étonné par le résultat des sondages, on s'est demandé si ....
....

B *Vous vous êtes fait faire une opération de chirurgie esthétique qui a raté. Vous vous plaignez au chirurgien qui se décharge de ses responsabilités.*
Imaginez le dialogue. (Vous ne m'aviez pas prévenue que... Je vous avais prévenue que...) et la lettre que vous lui envoyez en recommandé pour le menacer de lui faire un procès.

158. Savez-vous faire une proposition ou une suggestion?

– Qu'est-ce qu'on pourrait bien faire, ce soir?
▶ – Si on allait dans une boîte de nuit?

1. – Comment est-ce qu'on va rentrer?
   – Si..

2. – L'entreprise n'a rien prévu pour les handicapés.
   – Si..

3. – T'as vu la blonde là, près de la fenêtre. Elle est chouette.
   – Si..

4. – C'est scandaleux le coût de l'entretien des trottoirs... Ces crottes de chien, vraiment!
   – Si..

159. Savez-vous faire un peu de chantage et poser vos conditions?

▶ **Si c'est comme ça que tu m'accueilles, moi, je retourne chez ma mère.**

Précisez la situation de communication :

1. Si c'est comme ça que vous faites le travail ....
   ....

2. Si c'est comme ça que vous prenez le problème ....
   ....

3. Si c'est comme ça qu'ils doivent nous recevoir, sous la tente, à notre âge
   ....

4. Si ....,
   il vaut mieux arrêter la discussion tout de suite.

5. Si ....,
   l'entreprise se mettra en grève.

6. Si ....,
   des sanctions seront prises.

160. Savez-vous exprimer un regret à l'égard d'une action non réalisée et irréversible?

G

※

    – Vous n'avez pas prévenu vos amis que vous n'étiez pas sûr de venir?
▶ **– Il aurait fallu le leur dire.**

1. On n'a pas envoyé le SAMU[1] assez vite auprès des victimes.
   Une personne est morte.
   ....

2. Vous n'avez pas pensé à signaler votre changement d'adresse à la poste.
   Votre ancienne gardienne ne vous fait pas suivre votre courrier.
   ....

3. Vous n'avez pas eu le réflexe d'appeler la police quand vous avez entendu
   des bruits suspects sur votre toit.
   ....

4. Vous arrivez à la dernière minute pour voir un film à succès et maintenant la salle est complète.
   ....

---

1. **Le SAMU :** Service d'aide médicale d'urgence. Ambulances très rapides, équipées en personnel médical et en matériel de secours.

161. Savez-vous exprimer un regret en reconnaissant vos torts?

■ **Comment**

• *Exprimer un regret en s'accusant :*
J'aurais dû aller le voir avant sa mort.
J'ai honte de ne pas être allé le voir.
Je ne me vante pas de ne pas être allé le voir.
Je suis furieux contre moi-même.
Je m'en veux de ne pas être allé le voir.
Je regrette amèrement de ne pas être allé le voir.
Ce que je suis bête de ne pas être allé le voir.
Je ne me pardonne pas de ne pas être allé le voir.

A *Au choix :*

– *Vous avez laissé passer les dates d'inscription à l'Université. Vous téléphonez puis vous écrivez au recteur pour lui demander une dérogation. Vous lui expliquez que vous regrettez, etc.*

– *Vous apprenez qu'une vieille tante s'est cassé le col du fémur. Vous n'avez pas demandé de ses nouvelles depuis longtemps; c'est pour cette raison que vous ne l'avez pas su. Vous lui téléphonez ou vous lui écrivez pour lui dire que vous regrettez de ne pas être allé(e) la voir à la clinique.*

B *En vous inspirant du texte ci-dessous faites des rimes commençant par* si j'avais su *ou* si j'avais pu.

Mourir d'amour

S'il avait pu ....
S'il avait su ....
Il aurait dû ....
Aurait voulu ....
Lui dire tu ....
Elle aurait pu ....
Lui dire tu ....
Ils auraient eu ....
A l'heure venue ....
Toute une tribu ....
D'enfants joufflus ....
Elle, disparue ....
Belle inconnue ....
Amour déçu ....
Il en mourut ....

C *Si la télévision avait existé en l'an mil dans votre pays... Faites une recherche historique sur une époque passée qui vous intéresse tout particulièrement. Racontez les événements qui auraient été filmés.*

D *Lisez ce poème :*

Chants de méditation

J'ai semé un champ dans la plaine
Et non dans la pierraille
Et j'ai prié pour que lève une abondante moisson

C'était du blé de race que j'avais choisi
Je n'ai pas hésité à le payer très cher
Pour être le premier parmi les hommes

Si j'avais pu prévoir que j'en sortirais avili
Je ne me serais jamais marié
Et comme jadis, je serais libre et fier.

Marguerite Taos-Amrouche (Algérienne d'expression française),
*Le Grain magique, contes, poèmes
et proverbes berbères de Kabylie*, Maspero.

162. Comprenez-vous les sous-entendus?

Qu'est-ce que vous comprenez dans les échanges suivants :

> – Vous avez faim?
> – J'ai une réunion.

On devine :

▶ **Cette personne est pressée. Elle n'a pas le temps de déjeuner parce qu'elle a une réunion à cette heure-là.**

1. – Vous faites du sport?
   – J'ai des rhumatismes.

....

2. – Tu viens au cinéma ce soir?
   – J'ai perdu mon chien.

....

3. – Vous avez réussi à vendre votre maison?
   – Il y en avait trois à vendre dans le village.

....

4. – Tu me fais mon problème de maths?
   – Tu me « files » une cassette?

....

5. – Pourquoi n'enverriez-vous pas Dubois en Argentine?
   – Ce sera la saison des pollens.

....

163. Pages littéraires

A La bonne chanson

Donc ce sera par un clair jour d'été :
Le grand soleil, complice de ma joie,
Fera, parmi le satin et la soie,
Plus belle encore votre chère beauté.

Le ciel tout bleu, comme une haute tente,
Frissonnera somptueux à longs plis
Sur nos doux fronts heureux qui auront pâli
L'émotion du bonheur et l'attente;

Et quand le soir viendra, l'air sera doux
Qui se jouera, caressant, dans nos voiles,
Et les regards paisibles des étoiles
Bienveillamment souriront aux époux.

> Paul Verlaine, 1870.

Répondez aux questions suivantes :

1. Trouvez les verbes au futur.

2. Trouvez l'infinitif et la première personne du présent de l'indicatif des verbes au futur.

3. Retrouvez la syntaxe oralement en paraphasant afin de comprendre le poème.

4. A quoi se rapportent les propositions suivantes :

Strophe 1 :
« complice de ma joie » (qui?)
« parmi le satin et la soie » (trouvez la question)

Strophe 2 :
« comme une haute tente » (qui?)

Strophe 3 :
« dans nos voiles » (trouvez la question)

B   Demain, dès l'aube...

Demain, dès l'aube, à l'heure où blanchit la campagne,
Je partirai. Vois-tu je sais que tu m'attends.
J'irai par la forêt, j'irai par la montagne,
Je ne puis demeurer loin de toi plus longtemps.

Je marcherai les yeux fixés sur mes pensées,
Sans rien voir au-dehors, sans entendre aucun bruit,
Seul, inconnu, le dos courbé, les mains croisées,
Triste, et le jour pour moi sera comme la nuit.

Je ne regarderai ni l'or du soir qui tombe
Ni les voiles au loin descendant vers Harfleur.
Et quand j'arriverai, je mettrai sur ta tombe
Un bouquet de houx vert et de bruyère en fleurs.

3 septembre 1847,
Victor Hugo, *Les Contemplations,* Livre 4.

Répondez aux questions suivantes :

1. Trouvez les verbes au futur.

2. Trouvez l'infinitif et la première personne du présent des verbes au futur.

3. Faites un poème au futur sur le thème de votre choix. Faites-le en alexandrins, c'est-à-dire en vers de douze syllabes qui doivent rimer deux par deux en alternant.

Quinze partout

1. Décrivez une habitude ou un état au futur.
« Quand vous aurez une situation plus intéressante, ... »

2. Exprimez que deux actions sont immédiatement consécutives.
« Je vous ferai signe pour que vous veniez dîner à la maison dès que (trouver un appartement). »

....

3. Posez vos conditions.
« Je ne vous laisserai pas partir tant que .... »

4. Situez deux actions l'une par rapport à l'autre dans le futur.
« J'irai lui faire une visite le jour où .... »

5. Décrivez une action qui avait été prévue.
« J'étais sûr que vous .... »

6. Parlez d'une action qui avait été prévue.
« Je vous avais prévenu que .... »

7. Faites une proposition ou une suggestion.
« Si on (aller courir en forêt)? »

....

8. Faites une supposition.
« Et si (le film ne plus passer)? »

....

9. Faites un souhait en exprimant un regret.
« Si seulement .... »

10. Rêvez d'une chose irréelle.
« Si je pouvais voler, je .... »

11. Faites un reproche.
« .... quand j'étais à la clinique. »

12. Exprimez un regret à l'égard d'une action non réalisée et non réalisable.
« (poster la lettre) samedi matin avant midi. »

....

13. Exprimez un regret à l'égard d'une action non réalisée et non réalisable.
« Si (ne pas rater mon avion), (avoir le temps de visiter le musée). »

....

14. Exprimez un regret.
« C'est dommage que .... »

15. Barrez les réponses incorrectes.
« Marie serait venue si elle avait su que Pierre était là. »
• Marie est venue.
• Marie n'est pas venue.
• Elle savait que Pierre était là.
• Elle ne savait pas que Pierre était là.

Unité 12
Modes d'emploi

164. Savez-vous conseiller?

A *Lisez ce dialogue :*

Baisers volés

CHRISTINE. — Je vais t'apprendre quelque chose dont tu te souviendras toujours : comment beurrer une biscotte sans la casser? Tu vois : tu prends deux biscottes, tu les mets l'une sur l'autre, comme ça et puis tu étales ton beurre. Et grâce à la biscotte du dessous, la biscotte du dessus ne se casse pas.

ANTOINE. — Ah, c'est bien!

CHRISTINE. — Je t'apprendrai tout ce que je sais... par exemple le coup de la biscotte... et puis toi, en échange, tu m'apprendras ce que tu sais...

ANTOINE. — Oui, très bien.

Baisers volés, un film de François Truffaut.

Si vous n'avez pas vu le film, imaginez qui parle et quel est l'âge des personnages.

B *Donnez les conseils ci-contre à quelqu'un, imaginez une conversation :*

....
....
....
....
....
....
....
....
....
....
....
....
....
....
....

QUELQUES CONSEILS ANTIRONFLETTE

— Eviter autant que possible le chauffage excessif, l'air conditionné, la poussière.
— Ne pas manger comme quatre avant d'aller se coucher. Ne pas forcer sur les alcools à longueur de soirée. Limiter ses cigarettes aux seules qui fassent plaisir. Eviter les somnifères ainsi que les tranquillisants.
— Perdre ses kilos en trop et s'oxygéner chaque jour un peu plus.
— Eviter à tout prix de dormir sur le dos.
— Dormir la tête légèrement surélevée par un coussin en calant bien la mâchoire ou, comme les Japonais, sur un coussin de bois qui force à garder la position de côté.
— Consulter un acupuncteur. Il existe un point d'acupuncture correspondant au ronflement. Son nom est « la barrière du souffle » (shenn-kuann).
— Avoir un code avec son partenaire. Toujours le même (coup de pied ou bourrade, par exemple). Conditionné par ce signal, le ronfleur réalise très vite, même en plein sommeil, et change de position.

« Figaro Madame », 7 janvier 1984.

C *En situant les registres, imaginez la phrase qui précède et trouvez une situation de communication :*

1. ....

   Moi, ça me plaît comme ça.

2. ....

   Les conseils ne font plaisir qu'à ceux qui les donnent.

3. ....

   Je vous remercie de votre conseil et d'avoir eu la simplicité de me le dire.

4. ....

   C'est très sympa de l'avoir dit si franchement.

5. ....

   Vous auriez pu le dire plus tôt !

6. ....

   D'accord, je vais faire ce que vous me dites.

7. ....

   Je n'ai de conseils à recevoir de personne.

8. ....

   Je vais essayer de suivre vos conseils.

D *En situant les registres, finissez les phrases et trouvez une situation de communication.*

1. Si je peux me permettre de vous donner un conseil, ...

   ....

2. Si vous voulez un conseil, surtout ....

   ....

3. Si j'étais à votre place, ...

   ....

4. Je n'ai pas de conseils à vous donner, mais ....

   ....

5. Si j'ai un conseil à vous donner, ...

   ....

6. Tu n'as pas intérêt à ....

   ....

7. Surtout, évitez de ....

   ....

8. Il vaudrait mieux que ....

   ....

9. Tu ferais bien de ....

   ....

165. Les bons conseils

A   *Conseils amicaux :*

– Vous avez un(e) ami(e) qui fait de la dépression nerveuse et qui refuse de se soigner. Vous essayez de le (la) conseiller et de le (la) convaincre. Imaginez le dialogue ou écrivez-lui un mot amical.

– Votre conjoint est surmené. Vous essayez de le (la) convaincre de ralentir un peu son rythme de travail et de se ménager.

B   *Lisez ce texte[1] :*

— Sur le vif —

Trouille

Si vous craignez pour votre sécurité, si vous avez peur d'être attaqué, volé, cambriolé, voici les conseils donnés jour après jour aux millions d'Américains qui s'étranglent de trouille en buvant leur café devant la télé du matin :

1) N'attendez pas d'être arrivé devant votre immeuble pour commencer à farfouiller dans votre sac à la recherche de vos clés. C'est le moment que guette, tapi dans l'ombre, votre agresseur ;

2) Vos clés, serrez – en une entre le pouce et l'index, une autre entre l'annulaire et le petit doigt, cachez le reste du trousseau dans votre poing. En cas de pépin, visez les yeux ;

3) Evitez de vous balader le nez en l'air dans les parkings souterrains en vous demandant où vous avez bien pu laisser votre voiture. Ici, la flânerie distraite ne pardonne pas. Adoptez une allure déterminée, énergique et martiale. Le pas de l'oie est particulièrement indiqué ;

4) Vous revenez du supermarché le coffre plein de provisions. Vous vous garez devant votre porte. Retirez un paquet du coffre. Refermez le coffre à clé. Ouvrez votre porte. Déposez le paquet. Refermez la porte à clé. Retournez à votre bagnole. Ouvrez le coffre. Prenez un deuxième paquet. Refermez le coffre à clé. Et ainsi de suite à chaque voyage ;

5) Dans la rue, marchez dans le sens opposé à celui du trafic pour ne pas être dévalisé ou poignardé dans le dos par un motard. Devant un feu rouge, ne restez pas debout en bordure du trottoir. Vous risquez d'être poussé sous un autobus par un piéton facétieux. *Idem* dans le métro. Attendez la rame plaqué contre le mur ;

6) Inscrivez-vous aux cours d'autodéfense donnés par tous les commissariats de police aux habitants de votre quartier ;

7) Enfin, et surtout : n'ayez pas l'air d'une victime, ayez l'air d'un tueur.

Excellentes, ces recommandations. Je les ai suivies à la lettre. Ça marche le tonnerre. L'autre jour, je reviens de New-York. Je débarque à Roissy, l'œil torve, hargneuse, le poing tendu hérissé de clés, le torse bardé de badges menaçants : « pas touche », « attention danger », « femme méchante », « défense active », « réponse armée ». A ma vue, une vieille dame terrifiée lâche son caddy. Je le lui pique. Le douanier me laisse passer... haut les mains. Et, avant même de prendre mon adresse, le chauffeur de taxi m'a refilé sa caisse.

CLAUDE SARRAUTE.

« Le Monde », 11 juin 1985.

Soulignez les conseils.

Classez les conseils et dites s'ils sont utiles, inutiles, farfelus, exagérés.

Dites ce que vous feriez ou ce que vous faites déjà.

Dites ce que vous ne feriez pas.

Soulignez les phrases ironiques.

---

1. **Avoir la trouille** (familier) : avoir peur.

166. Savez-vous exprimer le conseil, l'ordre ou l'injonction à l'aide du subjonctif?

– Prenez votre valise et installez-vous dans les chambres.
▶ – **Que chacun prenne sa valise et s'installe.**

1. Tout le monde doit prendre un verre et boire à la santé des jeunes mariés.

....

2. Surtout, ils doivent faire attention de ne pas salir la moquette.

....

3. Dis-lui surtout de ne pas aller voir ce film.

....

4. Conseille-lui d'aller voir cette exposition.

....

5. Il faut qu'il m'apporte mon courrier.

....

6. Il n'a qu'à prendre l'avion pour gagner du temps.

....

7. Dites-lui surtout de prendre un imperméable.

....

8. Dites-lui de passer me voir.

....

> **La marguerite**
> *Que personne*
> *ne soupçonne*
> *plus jamais*
> *la petite marguerite*
> *Ah ça, jamais!*
> Georges Brassens.

> « *Ils n'ont plus de pain, qu'ils mangent de la brioche.* »
> Phrase célèbre de la reine Marie-Antoinette en apprenant que le peuple de Paris manifestait.

Philippe Noiret dans Que la fête commence, *un film de Bertrand Tavernier.*

167. Savez-vous convaincre, insister, argumenter?

A *Finissez les phrases et trouvez une situation de communication :*

1. Je vous assure que ....

....

2. J'affirme que ....

....

3. Franchement ....

....

4. Je vous garantis que ....

....

5. Sans hésiter ....

....

6. J'insiste sur le fait que ....

....

7. Il ne faut pas oublier que ....

....

8. J'attire votre attention sur le fait que ....

....

9. Je souligne que ....

....

10. Il faut tenir compte du fait que ....

....

B *Imaginez le dialogue entre un médecin qui croit à l'hystérie collective et les parents d'une jeune fille hospitalisée.*

....

....

....

....

....

....

....

....

....

....

....

....

....

....

....

....

Dans l'Orne

UNE CENTAINE DE COLLÉGIENS VICTIMES DE MYSTÉRIEUX MALAISES

Une centaine de collégiens de Mortagne-au-Perche (Orne) sont victimes depuis le jeudi 2 mai de mystérieux malaises. Les enfants, principalement des filles, se plaignent de maux de tête et de douleurs abdominales accompagnés de tremblements. Certains ont eu des pertes de connaissance momentanées.

Ces malaises durent de deux à trois heures, puis cessent totalement, pour reprendre ensuite de manière cyclique. L'hypothèse d'une intoxication alimentaire ayant été éliminée, les médecins se demandent s'il ne s'agit pas d'une banale épidémie de virose.

Le problème est que l'examen clinique des enfants est strictement normal – ce que confirment les médecins de Mortagne-au-Perche, tout en demeurant perplexes, bien que sept d'entre eux aient dû être hospitalisés. Un bilan virologique complet est en cours au CHU de Caen.

Les médecins n'excluent pas l'hypothèse d'une hystérie collective.

F. N.

« Le Monde », 9 mai 1985.

168. Savez-vous suggérer?

A *Finissez les phrases et trouvez une situation de communication :*

1. Vous pourriez peut-être ....

....

2. Si on allait ....

....

3. Qu'est-ce vous dirirez de ....

....

4. Vous aimeriez ....

....

5. Ça vous ferait plaisir de ....

....

6. Vous auriez envie de ....

....

7. Si vous voulez, on peut ....

....

8. Je vous suggère de ....

....

9. Avez-vous pensé à ....

....

10. Pourquoi ne pas ....

....

B *Un de vos amis vient d'avoir un deuil qui l'a beaucoup affecté. Vous lui écrivez pour lui suggérer de se changer les idées. Vous lui dites comment.*

169. Savez-vous demander un service?

A *Lisez ce texte :*

Le kit[1]

– Dis donc, Philippe, je viens d'acheter une bibliothèque en kit, je suis un peu affolé devant tous les morceaux.
– En temps normal, j'aurais pu t'aider mais en ce moment...
– C'est que je ne suis pas très adroit de mes mains.
– En ce moment ça tombe mal, j'ai plusieurs déplacements en perspective.
– Il y a des pièces dans tout le salon, on ne peut plus se retourner.
– Tu ne te rends pas compte de ce que tu me demandes, tu habites loin.
– Mais il y en a pour une heure.
– Écoute, laissons passer les fêtes, et ce sera avec plaisir que...

---

1. Beaucoup d'objets sont vendus en pièces détachées à monter par le client.

– Mais tu ne peux pas imaginer l'état de l'appartement, je ne peux pas passer les fêtes avec des planches dans tous les coins.

– Laissons passer un peu de temps. Tout ce que je peux faire, c'est venir entre Noël et le 1er Janvier.

– C'est gentil de ta part mais je vais essayer de me débrouiller autrement.

Soulignez ce qui indique la temporisation ou le refus.

B   *Un copain vous téléphone ou vous écrit pour vous demander de venir l'aider à déménager. Vous essayez de vous « défiler[2] ». Imaginez le dialogue ou le mot que vous écrivez.*

....

....

....

....

....

....

_____

2. « **De vous défiler** » : d'y échapper, de ne pas accepter.

---

170. Savez-vous accepter ou refuser de rendre un service?

Créez une situation (personnes et lieux) qui convienne aux phrases suivantes :

1. Puis-je vous demander un service? Je voudrais un appui.

....

2. J'ai un grand service à vous demander. Est-ce que vous pourriez m'aider à déménager?

....

3. Tu peux me donner un coup de main?

....

4. J'ai besoin de toi. Tu peux venir une minute?

....

5. Est-ce que tu pourrais me « pistonner[1] » au Ministère des Finances?

....

6. Je ne voudrais pas vous importuner, mais je crois que vous êtes la seule personne à pouvoir faire quelque chose pour moi.

....

7. Tu es libre une minute, j'ai quelque chose à te demander.

....

8. Ce serait bien si vous pouviez me dépanner.

....

_____

1. « **Pistonner** » (familier) : recommander.

171. Savez-vous demander un service?

A **En situant les registres, imaginez la phrase qui précède.**

1. ....

Je vous en prie, je serais heureux de faire quelque chose pour vous.

2. ....

Je suis navré, je regrette de ne pouvoir rien faire.

3. ....

Tu y vas un peu fort quand même, je ne suis pas à ta disposition.

4. ....

« Tu peux toujours courir. » Ne compte pas sur moi.

5. ....

Ce serait un honneur pour moi.

6. ....

Ce serait avec plaisir, mais je ne connais personne dans l'immobilier.

7. ....

Vous pouvez compter sur moi.

B **Savez-vous demander un service (les réponses sont des temporisations)? Imaginez la phrase qui précède. Vous pouvez trouver des situations en précisant le moyen de communication utilisé (lettre, téléphone, conversations, etc.) :**

1. ....

C'est que... je suis très occupé.

2. ....

En temps normal, j'aurais pu, mais en ce moment...

3. ....

C'est inutile d'insister, je suis débordé.

4. ....

Revenez me voir dans huit jours[1] avec un dossier plus complet.

5. ....

En ce moment, ça tombe mal, juste avant les élections...

6. ....

Je vais réfléchir, je vous rappellerai. Donnez-moi votre numéro de téléphone.

7. ....

Vous vous rendez compte de ce que vous me demandez?

8. ....

Je crois que vous ne mesurez pas l'importance de votre demande.

---

1. **Huit jours** : une semaine.

172. Savez-vous interdire?

A *Lisez ce dialogue :*

La nouvelle loi

– Monsieur, vous savez bien que c'est interdit de passer à l'orange.
– Monsieur l'agent, le feu venait de passer à l'orange.
– Je ne peux pas accepter que vous transgressiez la loi.
– Monsieur l'agent, c'est la dernière fois, je ne suis pas encore habitué à cette nouvelle règle.
– Bon « passe[1] » pour une fois, mais ne recommencez pas. La prochaine fois, c'est 2 500 francs. Vous avez de la chance que je sois gentil.

B *Vous faites une note de service au personnel de votre société pour interdire de s'absenter sans autorisation d'absence.*

....
....
....
....
....

Vous partagez une chambre d'hôpital avec une personne qui fume. Vous venez d'être opéré de l'appendicite. Vous demandez à cette personne d'être assez gentille pour ne pas fumer. Vous êtes ferme, mais assez gêné pour le dire.

....
....
....
....
....

C *Trouvez une situation (personnes et lieux) qui convienne aux phrases suivantes :*

1. – Vous êtes dans un wagon pour non-fumeurs, Monsieur.

....

2. – Je ne vous autorise pas à partir.

....

3. – Tu sais bien que je n'aime pas ton tabac.

....

4. – Ce n'est pas un film pour enfants. Je ne veux pas que tu le voies.

....

5. – Si cela ne vous dérangeait pas, est-ce que vous pourriez aller écouter votre transistor plus loin?

....

---

1. « **Passe** » : ça ne fait rien.

173. Savez-vous demander ou ordonner?

En tenant compte des trois registres suivants, choisissez le code qui correspond à chaque phrase :

Normal : **N**   Poli : **P**   Familier : **F**

1. Ferme la porte.
   N   P   F

2. Que faites-vous?
   N   P   F

3. Pourriez-vous avoir l'obligeance de passer le voir?
   N   P   F

4. Est-ce que je peux vous interrompre une minute, j'ai besoin d'un renseignement rapide?
   N   P   F

5. Est-ce que cela vous ennuierait de me rappeler plus tard?
   N   P   F

6. Puis-je me permettre de vous poser une question? Avez-vous...
   N   P   F

7. Pourrais-je avoir un renseignement? Savez-vous si...
   N   P   F

8. Excusez-moi de vous déranger, savez-vous où est Martine?
   N   P   F

9. Je voudrais savoir quelque chose. Qui a dit cela?
   N   P   F

10. Tu peux m'expliquer quelque chose. Comment se fait-il que Pierre ne soit pas là?
    N   P   F

---

174. Savez-vous reprocher et répondre à des reproches?

A   *Lisez ce texte :*

■ **Comment**

• *Reprocher*
(voir exercice 117, unité 8) :
Au nom de quoi vous permettez-vous de (soutenu).

Après une soirée chez des amis

– Dis donc, tu n'étais pas en forme chez les Durand!
– Parle pour toi.
– Tu as été très agressif quand on a parlé politique.
– Leurs amis ont des idées impossibles, moi ça m'exaspère.
– Oui, mais tu as exagéré; après tout, tu n'y connais rien.
– Suffisamment pour qu'ils m'agacent.
– Oui, mais tu y es allé un peu trop fort. Tu affirmes des trucs pas possibles.
– Quoi, par exemple?
– Quand on a parlé du Moyen-Orient, vraiment le problème est trop complexe pour trancher comme tu l'as fait.
– Et puis zut, tu m'embêtes.
– Vraiment, j'étais gênée pour toi, tu ne te rends pas compte de l'effet que tu fais sur les gens et tu ne les laisses pas parler.
– Vraiment, tu m'embêtes à la fin.

Relevez ce qui indique le reproche dans le texte et repérez les réponses aux reproches.

B   *Imaginez les reproches qui précèdent les phrases suivantes, indiquez une situation de communication et le registre :*

1. – ....
   – Tu n'as pas le droit de me le reprocher.

2. – ....
   – J'ai fait ce que j'ai pu.

3. – ....
   – Mais qu'est-ce qu'il fallait faire à votre avis?

4. – ....
   – Si je l'ai fait, c'est que je croyais bien faire.

5. – ....
   – Qu'est-ce que vous auriez fait à ma place?

6. – ....
   – Si j'avais su que je me serais fait recevoir comme ça!

C   *Imaginez une ou plusieurs réactions à ces reproches :*

1. – Tu ne m'avais pas dit que tu lui téléphonerais.
   – ....
   – ....

2. – Si j'avais suivi vos conseils...
   – ....
   – ....

3. – Quand on ne fait pas attention, voilà ce qui arrive.
   – ....
   – ....

4. – Tu aurais quand même pu me prévenir.
   – ....
   – ....

5. – Vous n'auriez pas dû lui dire.
   – ....
   – ....

6. – Je me demande comment vous avez osé lui répéter cela.
   – ....
   – ....

7. – La seule chose que je vous reproche, c'est de ne pas m'en avoir parlé.
   – ....
   – ....

8. – De quel droit est-ce que vous avez touché à ces dossiers?
   – ....
   – ....

175. Savez-vous exprimer la résignation avec votre déception ?

A *Lisez ce texte :*

Les vacances des célibataires

– Je ne pourrai pas prendre mes vacances en même temps que toi.

– Et moi qui étais sûre qu'on partirait ensemble !

– Tu penses si je suis déçu moi-même mais on a donné la priorité aux gens mariés.

– Dire que j'avais réservé des places dans un voyage organisé.

– C'est franchement « dégueulasse », dire que l'année dernière j'ai dû attendre octobre pour partir, c'est vraiment injuste.

– Moi non plus, ça ne me dit rien de partir en avril mais on n'y peut rien.

– Remarque, c'est normal, c'est à cause des vacances scolaires.

– Moi, je ne me résigne pas à ce que ce soit toujours les gens mariés qui passent en priorité.

– C'est pas les gens mariés, c'est les gens qui ont des enfants.

– Tant pis pour cet été, on se rattrapera au ski l'hiver prochain.

– En attendant, moi je ne pars pas sans toi.

Soulignez ce qui indique la résignation et la déception.

B *Complétez les phrases suivantes selon le modèle et précisez la situation de communication :*

▶ **Si c'est tout ce qu'il y a à manger,**
il vaut mieux aller au restaurant.
il vaut mieux qu'on aille au restaurant.

1. ...., je préfère un roman.

2. ...., je préfère prendre une bière.

3. ...., on n'a qu'à prendre un train de nuit.

4. ...., il ne faut pas qu'il vienne.

5. ...., il est préférable de ne pas en parler.

C *Vous évoquez de vieux souvenirs. Vous racontez une déception que vous avez éprouvée étant enfant et la résignation qui vous a été imposée par les grandes personnes.*

....

....

....

....

....

....

....

....

....

176. Journée de l'homme

A *Lisez ce texte :*

⎯ Sur le vif ⎯

Journée de l'homme

Vous savez que c'est la journée de la femme ? Ils doivent l'avoir amère, les hommes. C'est vrai, les pauvres, on les ignore, on les dédaigne, on les traite mal, on ne s'intéresse pas à leur sort. C'est pas normal. Il s'agit pourtant d'une minorité. Et quelle minorité ! Complètement asservie, condamnée de toute éternité aux travaux forcés, obligée de nourir et de défendre l'espèce au prix des pires dangers. Ils se crèvent à la guerre et au boulot. Ils ont une espérance de vie dérisoire comparée à la nôtre. Dès qu'ils sont usés, on les jette.

Et de leur vivant, qu'est-ce qu'on fait pour eux ? Rien. On pourrait quand même leur filer une journée. Il y en a suffisamment pour ça dans l'année. Je ne vois pas pourquoi les aveugles, les cancéreux, les femmes, les handicapés, les enfants et les lépreux en auraient et pas eux.

Moi, à leur place, je serais furieux, j'exigerais même la semaine. Mais ils sont mous, amorphes, résignés, totalement abrutis par des siècles d'esclavage et de mauvais traitements.

Et piteusement désorganisés. Comme souvent les opprimés, au lieu de se révolter, ils se battent, ils se jalousent entre eux. Notre sororité, ils ne connaissent pas. Ils se tirent dans les pattes. Ils ont toujours peur que l'autre leur pique leur boulot ou leur nana. C'est vraiment chacun pour soi.

Leur seul but dans la vie : le fric, les femmes et les bagnoles. Réussir, séduire et conduire. Ça ne va pas chercher bien haut ni bien loin, je sais, mais ils ont des excuses : la façon dont on les élève. Et le modèle que leur propose, que leur impose, de père en fils, la société. Celui d'un être inférieur, d'un petit mâle, plus bête, plus maladroit et plus brutal que sa grande sœur. On se montre exigeant envers lui, sévère, dès l'enfance. Alors ça le marque forcément. Ça le destine à venir grossir l'immense troupeau des bêtes de somme exploitées, grugées et méprisées par l'autre moitié de l'humanité. Allez, les hommes, secouez-vous ! Le men's lib, c'est pour quand ?

CLAUDE SARRAUTE.

« Le Monde », 9 mars 1985.

Soulignez les expressions familières ou argotiques.
Reformulez-les en langue usuelle.

....

....

....

....

Soulignez les expressions montrant de l'ironie, ironie contre les femmes, ironie contre les hommes.
Démêlez le vrai et le faux et éventuellement dénoncez la mauvaise foi.

B *Organisez un débat dans la classe pour discuter du statut de l'homme et de la femme dans votre pays.*

177. Savez-vous exprimer la cause?

A *Savez-vous interroger sur la cause en exprimant votre étonnement?*

■ Comment

• *Exprimer la cause :*
- Il était insupportable, *résultat* elle est partie (registre oral).
- J'ai fait attention à *cause* de ce que tu m'as dit.
- Sa faiblesse *vient* de sa mauvaise hygiène alimentaire.
- Ses problèmes *résultent* de son mauvais caractère.
- La catastrophe a été *provoquée* par l'orage.
- *Étant donné* ton âge, tu n'as pas le droit de voter.
- Ta maladie lui a *causé* beaucoup de soucis.
- *Comme* elle est jolie et *qu'*elle a la taille suffisante, elle pourra être hôtesse de l'air.

■ Remarquez

Comment se fait-il que entraîne le subjonctif passé ou présent.

> Je me demande pourquoi il y a tant de monde dans les rues.
> ▶ **Comment se fait-il qu'il y ait tant de monde dans les rues?**

1. Vous êtes en classe. Les autres élèves ne sont pas encore arrivés.

....

2. Les bagages des autres voyageurs sont là. Pas les vôtres.

....

3. Vous avez mis beaucoup de temps pour faire un trajet très court.

....

4. On a compté deux déjeuners en trop sur votre note d'hôtel.

....

5. Les gangsters n'ont pas été retrouvés.

....

6. On ne s'est pas aperçu qu'il manquait une personne.

....

B *Savez-vous exprimer la cause au moyen de « à force de »?*

> Grâce à sa grande patience, il a réussi.
> ▶ **A force de patience, il a réussi.**
> Il a beaucoup insisté pour se faire rembourser, alors il a obtenu gain de cause.
> ▶ **A force d'insister, il a eu gain de cause.**

1. Il a roulé très vite, si bien qu'il a fini par avoir une contravention.

....

2. J'ai beaucoup mis ce disque, alors il s'est usé.

....

3. Grâce à beaucoup de patience, il a réussi à réparer lui-même son magnétoscope.

....

4. Grâce à son grand courage, il a fait le Mont-Blanc à 55 ans.

....

5. En lui répétant beaucoup, j'ai réussi à le convaincre de se faire opérer des amygdales.

....

Citations célèbres

A force de penser à Marthe, j'y pensai de moins en moins.
    Raymond Radiguet,
    Le Diable au corps.

A force de plaisir, notre bonheur s'abîme.

    Jean Cocteau.

6. J'ai beaucoup insisté et j'ai obtenu une réduction sur un objet dont j'avais très envie chez un antiquaire.

....

7. J'ai beaucoup attendu, j'en ai eu marre et je suis parti.

....

178. Savez-vous exprimer la conséquence?

■ Comment

- *Exprimer la conséquence :*
  - Il pleuvait *alors* je ne suis pas sorti.
  - Sa décision *a entraîné* la démission de trois personnes.
  - Ton départ nous *a causé* beaucoup d'inquiétude.
  - Tu es parti sans prévenir *si bien que* nous avons été très inquiets.

- *Exprimer la cause avec une intensité sur l'adjectif et le verbe :*
  - Il est très grand *si bien qu'*il s'est cogné la tête en passant sous la porte.
  - Il est *si* grand *qu'*il ne passe pas sous la porte.
  - Il a *tellement* travaillé *qu'*il est tombé malade.

■ Remarquez

Attention à la construction des verbes :

- **Forcer quelqu'un à,**
  mais : **être forcé de.**
- **Obliger quelqu'un à,**
  mais : **être obligé de.**
- **Contraindre quelqu'un à,**
  mais : **être contraint de.**

A *Exprimez la conséquence :*

Il a eu un traumatisme crânien, alors il a perdu connaissance.
▶ **Ce qui a entraîné une perte de connaissance.**
▶ **Si bien qu'il a perdu connaissance.**

1. Il y avait des supporters excités et ivres au match de football européen de Bruxelles (*provoquer,* y avoir une bousculade et des morts).

   ....

2. Il n'a pas trouvé de place où se garer dans la rue (*forcer à* aller dans un parking payant) (*être forcé* d'aller dans un parking payant).

   ....

3. André n'avait pas ses papiers sur lui quand il a été arrêté en train de brûler un feu rouge (*causer,* avoir des ennuis avec la police).

   ....

4. Il y a eu un incident de frontières entre les deux pays (*amener,* y avoir une détérioration des relations diplomatiques).

   ....

5. Les deux sociétés ont fusionné (*entraîner,* y avoir des mutations de personnel et des personnes mises à la retraite anticipée).

   ....

6. Le prix de l'essence a augmenté (*entraîner,* y avoir un développement des transports en commun).

   ....

B *Savez-vous exprimer la conséquence négative?*

Elle a perdu ses clés, alors elle n'a pas pu rentrer chez elle.
▶ **Elle a perdu ses clés ce qui l'a empêchée de rentrer chez elle.**

▶ **Elle a perdu ses clés** { **si bien qu'elle a été empêchée de rentrer chez elle.**
si bien qu'elle n'a pas pu rentrer chez elle.

Écrivez les deux constructions pour chaque phrase :

1. Pierre s'est cassé le bras et la jambe du même côté, alors il n'a pas pu se servir de ses cannes anglaises[1].

   ....

   ....

2. J'ai été dérangé toute la journée, alors je n'ai pas pu te rappeler.

   ....

   ....

---

1. **Cannes anglaises :** cannes sur lesquelles reposent les coudes.

3. On manque d'argent en France, alors on ne peut pas pousser plus loin certaines recherches scientifiques.

....

....

4. La rue était barrée par les pompiers, alors Police-Secours n'est pas arrivée rapidement après l'explosion.

....

....

5. Jean-Philippe n'a pas pu rassembler les crédits nécessaires, alors il n'a pas pu créer sa propre société.

....

....

C *Écrivez dans un style soutenu. Utilisez les verbes* **permettre** *et* **entraîner.**

En utilisant un ordinateur, on pourra calculer les calories à dépenser chaque jour.
▶ **L'utilisation de l'ordinateur permettra le calcul des calories à dépenser chaque jour.**

1. *Communications*

Si le petit écran remplace les journaux, on pourra connaître le programme du cinéma local.

....

2. *Médecine*

Si on élabore des drogues raffinées, on pourra programmer soi-même l'état psychique désiré.

....

3. *Médecine*

Si on utilise des stimulations électriques, on supprimera la douleur.

....

4. *Médecine*

S'ils utilisent un ordinateur, les médecins pourront examiner leurs patients à distance.

....

5. *Emploi*

Si on abaisse l'âge de la retraite, le nombre d'emplois pour les jeunes augmentera.

....

6. *Énergie*

Si on remplace le pétrole par l'énergie nucléaire, l'électricité coûtera deux fois moins cher.

....

179. Savez-vous transformer des messages oraux en messages écrits et écrire dans un style plus soutenu ?

(Voir Archipel 2, pp. 116 à 120.)

Nominaliser les phrases suivantes
(la nominalisation est une mise en valeur) :

Des drogues raffinées permettront de programmer soi-même l'état psychique désiré.

▶ **La programmation individuelle de l'état psychique désiré sera rendue possible au moyen de nouvelles drogues raffinées.**

1. *Médecine*
Des opérations chirurgicales modifieront le comportement, le caractère et les émotions.

....

2. *Médecine*
Des stimulations électriques atténueront, voire supprimeront la douleur.

....

3. *Médecine*
Des banques de données revaloriseront la place du médecin de famille qui pourra les consulter dans n'importe quel endroit.

....

4. *Météorologie*
Objectif de la Météorologie nationale pour 1986 : prévoir le temps sur une région précise six jours à l'avance.

....

5. *Automobile*
Économie, sécurité, confort : de ces impératifs, c'est surtout le premier qui préoccupe les bureaux d'études.

....

> « Bien écrire ce n'est pas écrire joliment, c'est écrire exactement. »
>
> Fernand Braudel,
> membre de l'Académie française.

6. *Industrie*
La crise a fait comprendre la nécessité absolue d'innover.

....

180. Savez-vous passer de l'indéfini au défini ?

Une robe de mariée ; la robe de la mariée.

▶ **Elle avait refusé de mettre *une robe de mariée*, elle était déguisée et un peu ridicule.**

▶ **La robe de la mariée était ravissante, mais je ne pourrais pas te dire comment elle était.**

Insérez les compléments de nom dans des contextes :

1. Un déjeuner de roi ; le déjeuner du roi.

....

....

2. Un salaire de ministre ; le salaire du ministre.

....

....

3. Une maison de rêve ; « la maison de mes rêves ».

....

....

4. Une table de cuisine ; la table de la cuisine.

....

....

5. Un journal de gauche ; le journal de la gauche.

....

....

6. Une tête de prof ; la tête du prof.

....

....

181. Savez-vous écrire et terminer une lettre ?

■ **Comment**

Terminer une lettre :

- *A une personne de haut rang :*
« Veuillez agréer, Monsieur, l'assurance de ma haute considération. »

- *A des relations :*
« Veuillez agréer, Monsieur, l'assurance (ou l'expression) de » *(soutenu)*
« Je vous prie, Monsieur, de croire à
  - mon respectueux dévouement. »
  (soutenu)
  - mes sentiments les meilleurs. »
  (neutre)
  - mon amical souvenir. » *(amical)*

- *A une administration ou à des com-
merçants :*
« Veuillez agréer (je vous prie
d'agréer), Monsieur, l'expression de
ma considération distinguée. » *(neutre et impersonnel)*

- *A des amis ou des membres de votre
famille :*
« Je t'envoie (je te dis) toutes mes
amitiés. »
« Bien amicalement. »
« Bien à toi. »
« Je t'embrasse bien affectueuse-
ment. »
« Mille baisers. »

Écrivez une lettre pour la situation de votre choix.

1. Vous découvrez qu'un de vos collègues fait de l'espionnage industriel pour le compte de la société concurrente d'un pays étranger. Vous écrivez une lettre confidentielle destinée au directeur de votre société.

2. Un groupe de locataires se réunit pour écrire une lettre collective au syndic pour se plaindre des pannes répétées de l'ascenseur. Des personnes y ont été bloquées plusieurs fois pendant un bon moment.

3. Vous écrivez à la direction des Ponts et Chaussées pour attirer son attention sur le fait que la signalisation à un carrefour près de chez vous est mal faite et qu'il y a souvent des accidents d'autos à cet endroit-là.

4. Vous écrivez à un ami pour lui recommander une personne que vous connaissez et avec laquelle vous avez travaillé. Cette personne cherche une situation et a besoin d'une lettre d'introduction.

5. Vous écrivez à votre contrôleur des impôts pour vous étonner de l'augmentation de la somme que vous devez payer. Vous lui demandez de bien vouloir procéder à une vérification.

6. Votre baignoire a débordé pendant que vous étiez au téléphone. Vous écrivez une lettre à votre compagnie d'assurances pour lui faire part des dégâts et de vos réserves.

7. La publicité d'un club-hôtel a annoncé que l'on pourrait faire de la planche à voile sur le lac. Quand vous y êtes allé, on vous a informé que la planche à voile était interdite. Vous écrivez à une association de consommateurs pour lui signaler le fait et à la direction du club-hôtel pour vous plaindre et demander un dédommagement financier.

A   Ode à Cassandre

Mignonne, allons voir si la rose
Qui ce matin avait éclose
Sa robe de pourpre au soleil
A point perdu cette vesprée
Les plis de sa robe pourprée
Et son teint au vôtre pareil.

Las! Voyez comme en peu d'espace[1]
Mignonne, elle a dessus la place
Las! las! ses beautés laissé choir
Oh! vraiment marâtre[2] nature
Puisqu'une telle fleur ne dure
Que du matin jusqu'au soir!

Donc, si vous m'en croyez, mignonne
Tandis que votre âge fleuronne
En sa plus verte nouveauté
Cueillez, cueillez votre jeunesse
Comme en cette fleur, la vieillesse
Fera ternir votre beauté.

Pierre de Ronsard, 1524-1585.

---

1. **En peu d'espace :** en peu de temps.
2. **La marâtre :** la femme du père qui n'est pas la mère des enfants.

Et dans les *Sonnets pour Hélène :*
« Vivez, si m'en croyez, n'attendez à demain
Cueillez dès aujourd'hui, les roses de la vie. »

Pierre de Ronsard, 1524-1585.

Le Café de Flore photographié par Robert Doisneau en 1947.

Si tu t'imagines

Si tu t'imagines
si tu t'imagines
Fillette, fillette
si tu t'imagines
xa va xa va xa
va durer toujours
la saison des za
La saison des za
saison des amours,
ce que tu te goures
fillette fillette,
ce que tu te goures

Si tu crois petite
si tu crois ah, ah,
que ton teint de rose,
ta taille de guêpe
tes mignons biceps
tes ongles d'émail
ta cuisse de nymphe
et ton pied léger
si tu crois petite
xa va xa va xa
va durer toujours
ce que tu te goures,
fillette, fillette,
ce que tu te goures,

les beaux jours s'en vont
les beaux jours de fête
soleils et planètes
tournent tous en rond
mais toi ma petite
tu marches tout droit
vers sque tu ne vois pas
très sournois s'approchent
la ride véloce
la pesante graisse
le menton triplé
le muscle avachi
allons cueille, cueille
les roses les roses
roses de la vie
et que leurs pétales
soient la mer étale
de tous les bonheurs
de tous les bonheurs.
allons cueille cueille
si tu le fais pas
ce que tu te goures
fillette fillette,
ce que tu te goures.

Raymond Queneau,
Si tu t'imagines, Gallimard.

Répondez aux questions suivantes :

1. Recherchez les comparaisons entre la femme et la rose.

2. Cherchez les formes du conseil et trouvez les arguments.

3. Faites une étude comparative entre l'*Ode à Cassandre* et la chanson de Raymond Queneau chantée par Juliette Gréco et Mouloudji : *Si tu t'imagines*. Recherchez ce qui importait alors et ce qui importe maintenant, et quels sont les conseils donnés. (Vous pouvez faire deux colonnes pour établir la comparaison entre les deux textes.)

4. Faites un poème adapté à l'esprit de la fin du XXe siècle dans lequel vous donnez un ou des conseils.

B   *Réflexions sur le bonheur*

1. Pour être heureux, premièrement, il faut réagir contre la tendance au moindre effort qui nous porte, ou bien à rester sur place, ou bien à chercher de préférence dans l'agitation extérieure le renouvellement de nos vies. Dans les riches et tangibles réalités matérielles qui nous entourent il faut sans doute que nous poussions des racines profondes. Mais c'est dans le travail de notre perfection intérieure, – intellectuelle, artistique, morale –, que pour finir le bonheur nous attend. La chose la plus importante dans la vie, disait Nansen, c'est de se trouver soi-même. L'esprit laborieusement construit à travers et au-delà de la matière – *Centration.*

2. Pour être heureux, deuxièmement, il faut réagir contre l'égoïsme qui nous pousse, ou bien à nous fermer en nous-mêmes, ou bien à réduire les autres sous notre domination. Il y a une façon d'aimer, – mauvaise, stérile –, par laquelle nous cherchons à posséder, au lieu de nous donner. Et c'est ici que reparaît, dans le cas du couple ou du groupe, la loi du plus grand effort qui déjà réglait la course intérieure de notre développement. Le seul amour vraiment béatifiant est celui qui s'exprime par un progrès spirituel réalisé en commun. – *Décentration.*

3. Et pour être heureux, – tout à fait heureux, troisièmement – il nous faut, d'une manière ou de l'autre, directement ou à la faveur d'intermédiaires graduellement élargis (une recherche, une entreprise, une idée, une cause...) transporter l'intérêt final de nos existences dans la marche et le succès du Monde autour de nous. Comme les Curie, comme Termier, comme Nansen, comme les premiers aviateurs, comme tous les pionniers dont je vous parlais plus haut, il faut, pour atteindre la zone des grandes joies stables, que nous transférions le pôle de notre existence dans le plus grand que nous. Ce qui ne suppose pas, rassurez-vous, que nous devions pour être heureux faire des actions remarquables, extraordinaires, mais seulement, ce qui est à la portée de tous, que, devenus conscients de notre solidarité vivante avec une grande Chose, nous fassions grandement la moindre des choses. Ajouter un seul point, si petit soit-il, à la magnifique broderie de la Vie; discerner l'Immense qui se fait et qui nous attire au cœur et au terme de nos activités infimes; le discerner et y adhérer : – tel est, au bout du compte, le grand secret du bonheur. « C'est dans une profonde et instinctive union avec le courant total de la Vie que gît la plus grande de toutes les joies », reconnaît Bertrand Russell lui-même, un des esprits les plus aigus et les moins spiritualistes de la moderne Angleterre. – *Surcentration.*

Extrait de *Réflexions sur le bonheur,* conférence faite par le père Teilhard de Chardin à Pékin, le 28 décembre 1943. *Inédits et témoignages,* Seuil, 1960.

Répondez aux questions suivantes :

1. Quel est le thème analysé par l'auteur?

2. Quelles sont les indications de la chronologie dans ce texte?

3. Quels sont les points sur lesquels l'auteur émet une opinion ou un point de vue?

4. Êtes-vous d'accord avec ces constatations, ces points de vue?

5. Quels sont les conseils donnés par l'auteur? Mettez ces conseils à l'impératif.

6. Donnez un titre à ce texte.

Quinze partout

1. Donnez un conseil en précisant le registre.

   – ....

   – C'est très sympa de ta part de l'avoir dit.

2. Donnez un conseil en précisant le registre.

   – Si j'étais vous, ...

3. Essayez de convaincre.

   – J'insiste sur le fait que ....

   ....

4. Essayez de suggérer.

   – Qu'est-ce que vous diriez de ....

5. Demandez un service.

   – ....

   – Je suis navré, je suis débordé en ce moment.

6. Refusez de rendre un service.

   – Tu peux me donner un coup de main?

   – ....

7. Acceptez de rendre un service.

   – Est-ce que vous pourriez m'aider à traduire cette lettre?

   – ....

8. Savez-vous interdire?

   – Vous n'aimez pas les chiens. Vous invitez à dîner des amis qui ont trois chiens et qui ne s'en séparent jamais.

   – ....

9. Réagissez à un reproche.

   – Tu m'avais promis de t'en occuper. Tu exagères quand même.

   – ....

10. Donnez une bonne raison.

    – Je lui prêterai volontiers mon appartement d'autant plus que ....

    ....

11. Exprimez votre résignation en montrant votre déception.

    – Si c'est tout ce que vous avez à me raconter ....

    ....

12. Décrivez un effort vain.

    – J'ai eu beau essayé de la convaincre, je ....

    ....

13. Interrogez sur la cause en exprimant votre étonnement.

    – Vous êtes au restaurant, le garçon s'est trompé dans l'addition.

    – ....

14. Exprimez qu'une action a été faite par quelqu'un d'autre sur votre demande.

    – Mon rasoir électrique a été réparé par mon frère.

    – ....

15. Prenez la défense de quelqu'un que vous aimez bien.

    – « Elle exagère. Elle aurait pu venir quand même. Elle est vraiment flemmarde. »

    – ....

Corrigés

110. B. 1. Je ne savais pas que tu avais été opéré. **2.** Je ne savais pas qu'elle avait eu une promotion. **3.** Je ne savais pas que le sens de la rue avait changé. **4.** Il ne savait pas qu'il y avait eu un décès dans l'immeuble.

111. 1. Si le chauffage marchait. **2.** Si je n'avais pas le pied dans le plâtre. **3.** Si j'avais de l'argent. **4.** Si le médecin me permettait de sortir. **5.** S'il ne me fallait pas une heure de train pour venir au bureau. **6.** Si le dollar était plus bas.

112. C. 1. Pour le tennis, ce qui compte, c'est la concentration. **2.** Pour le moment, ce dont j'ai besoin, c'est d'une bonne nuit de sommeil. **3.** Ce qui est important ? Je ne sais pas. Les deux sont importants. Il n'y a pas de bonheur sans réussite professionnelle. Ce qui est important, c'est le bonheur. **4.** Ce dont tu ne te rends pas compte, c'est de leur gentillesse. Ce que tu ne vois pas, c'est leur gentillesse.

113. B. 1. Vous faites vraiment du bruit alors que le voisin est malade. **2.** Il m'accuse de dépenser trop d'argent alors que je gagne l'argent du ménage. **3.** Ils ont refusé d'aller au cinéma alors qu'ils m'avaient promis d'y aller. **4.** Vous restez enfermés alors qu'il fait un temps magnifique. **5.** Vous regardez un navet sur la deux alors qu'il y a une émission passionnante sur la trois. **6.** Il a fait des cadeaux à tout le monde à Noël alors qu'il n'a pas d'argent.

114. A. *Le premier voyageur à sa femme :* Ce matin, j'ai vu un truc inouï dans le train, un gamin qui n'avait pas plus de 12 ans a eu le culot de me demander du feu. J'étais horrifié, fumer à 12 ans ! Tu te rends compte ? Ce petit malin a trouvé le moyen de me faire reconnaître que de mon temps nous étions hypocrites parce que nous fumions en cachette. Je n'ai pas pu lui donner de feu, mais il a trouvé un imbécile qui lui en a donné. Y a plus d'enfants !

Le deuxième voyageur à un ami : Ce soir, en rentrant du bureau, j'ai assisté à un truc marrant dans le train. Un gamin qui n'avait pas plus de douze ans a demandé du feu à un voyageur. Ils se sont mis à discuter parce que ce monsieur était choqué de voir l'enfant fumer. Moi, dans mon coin je me marrais parce que je les trouve extra les enfants d'aujourd'hui. Ils ont tous les culots et ils parlent aux adultes comme à leurs copains. Ils sont décontractés et tiennent tête. Je t'assure qu'ils ont de la répartie. Le voyageur a refusé de lui donner du feu alors moi je lui en ai donné.

Un témoin : On voit de ces choses vraiment invraisemblables. Cet après-midi dans le train j'ai assisté à une scène qui m'a laissé rêveur. J'ai vu un enfant demander du feu à deux personnes et en obtenir très rapidement. Vraiment, les gens ne sont plus responsables maintenant. On ne respecte plus l'enfance.

115. A. 1. Je t'ai demandé si tu avais pensé à couper les compteurs et à fermer les volets. **2.** J'ai dit que je devais prendre un train à 8 h 45 et que j'étais en retard. **3.** J'ai dit qu'il nous avait fallu deux jours à la voile pour aller d'Antibes à l'île d'Elbe. **4.** Le réparateur a dit qu'il faudrait (qu'il fallait) faire réparer cette télévision et que ça allait coûter cher. **5.** Cette personne a dit qu'elle n'avait pas pu joindre Pierre au téléphone hier soir mais qu'elle l'avait eu ce matin.

120. A. 1. Le texte fait référence à quatre personnes : la jeune fille blanche (la narratrice), le Chinois, le père du Chinois et l'épouse du Chinois. **2.** La narratrice se désigne par : « elle », « la jeune fille blanche », « la petite blanche », « la souveraine de son désir ». **3.** Le Chinois n'a pas pu épouser la jeune fille blanche. Il a été contraint d'épouser la jeune fille choisie par les familles comme le veut la tradition. Beaucoup de temps a passé. Des événements aussi. Un jour, il lui téléphone. **4.** C'est le problème du racisme et le problème de la tradition qui sont posés. On peut même deviner le problème du colonialisme sous-jacent : on n'épouse pas quelqu'un qui n'est pas de sa race, ni chez l'occupant, ni chez le colonisé. **5.** On fera réécrire le paragraphe au moyen du verbe *pouvoir* ainsi que des constructions comme *il est possible que, il est probable que, peut-être que, sans doute*. **6.** La réécriture au présent ou au passé composé a pour objectif de faire apparaître la distanciation introduite par le plus-que-parfait. Dans les deux premiers paragraphes le présent montre le côté vivant, torturant du souvenir. La réalité de la conversation téléphonique est présentée avec distance. Le passé est rejeté en arrière. Le plus-que-parfait accentue cette distance et introduit une dimension mythique : la narratrice fait reculer ses souvenirs dans le passé. C'est la référence à un passé révolu. Au présent (premier paragraphe) elle est actrice. Avec l'introduction du plus-que-parfait *Il était venu avec sa femme*, Marguerite Duras reprend son statut de narratrice. Il y a un déplacement dans l'espace. Le plus-que-parfait fonctionne comme un zoom sur la distance : l'auteur quitte le souvenir et l'éloigne. **7.** « Il ne pourrait jamais cesser de l'aimer, qu'il l'aimerait jusqu'à sa mort. » **8.** « Des années après la guerre, après les mariages, les enfants, les divorces, les livres... » **9.** On peut faire construire très strictement le dialogue d'après le récit, mais on peut également laisser les élèves aller à exprimer l'émotion que leur inspire le texte en l'élargissant. **10.** Après avoir fait la transposition, les élèves devront avoir ressenti le drame. Le problème de la communication est posé. Qu'est-ce que les protagonistes ont à se dire ? Est-ce banal ou fondamental ?

B. 2. « Au mois de mai, le matin, une ou deux fois la semaine, à cinq heures du matin, le jour de ma promenade, presque tous les jours, après dîner, jusqu'à onze heures, toute la vie. » **3.** Rencontrer, coucher, inventer, rester le matin, partir, reprocher, se déchaîner, se calmer, se promener, détacher, ramer, appuyer sa tête.

121. **A. 1.** Je n'étais pas gêné(e) par le bruit, j'avais...
2. Je n'ai pas été gêné... je n'ai rien entendu et j'ai dormi... **3.** Il croyait... il est sorti... il a passé... **4.** Il a cru... il a été déçu... **5.** Je n'ai pas réussi... **6.** Comme je n'arrivais pas à... j'ai lu.

D. *Voici les textes des documents authentiques :*

L'attaque d'un transport de fonds à Marseille : une arrestation. L'un des pillards qui, lors de l'attaque d'un fourgon de transport de fonds, le 31 mai à Marseille, avait ramassé de l'argent, a été inculpé de vol et écroué, mercredi 5 juin à la maison d'arrêt des Baumettes. M. Mohamed Aggoune, âgé de trente ans, docker, domicilié près du lieu de l'attaque, s'était précipité dans les débris du véhicule, que des gansters avait fait exploser provoquant la mort des trois convoyeurs. Une somme de 15 000 F a été découverte à son domicile. *« Le Monde », 9-10 juin 1985.*

Un directeur de supermarché écroué après un contrôle « musclé ». M. Jean-Marc Madranges, trente-huit ans, directeur d'un supermarché à Homécourt (Meurthe-et-Moselle), a été inculpé de coups et blessures et écroué à la maison d'arrêt de Briey, jeudi 30 mai.
Le 4 mai, Norbert Royer, quinze ans, avait été gravement blessé au cours d'un contrôle Intermarché au magasin où il avait été accusé d'avoir volé une bouteille de whisky. *« Le Monde », 1er juin 1985.*

Des faussaires arrêtés. Un contremaître des services de la mairie de Paris, un imprimeur et un colporteur, qui avaient fabriqué plus d'un millier de faux billets d'entrée à Roland-Garros, ont été appréhendés, lundi 4 juin, par les inspecteurs du troisième cabinet de délégation judiciaire. Ils avaient réussi à écouler cent soixante billets au prix de 200 F à 400 F, ce qui représentait près de 50 000 F. Didier Morisson, trente-six ans, directeur de l'imprimerie Serag, à Sainte-Geneviève-des-Bois (Essonne), était déjà connu des services de police et avait été plusieurs fois condamné pour vols, recel, maquillage de voitures. Les trois faussaires ont été déférés, mercredi 5 juin, au parquet de Paris. *« Le Monde », 7 juin 1985.*

Ajaccio : trois arrestations. Trois personnes, interpellées le 4 juin par les policiers d'Ajaccio et impliquées dans l'attentat commis pendant la nuit du 2 au 3 juin contre le village de vacances du Commissariat à l'énergie atomique dans le golfe de Lava, près d'Ajaccio (*Le Monde* du 4 juin), ont été écrouées le 6 juin à la prison d'Ajaccio. Il s'agit de MM. François Santoni, vingt-cinq ans, instituteur, Olivier Santoni, vingt-cinq ans, étudiant, et Jacques Culioli, propriétaire d'un débit de boissons. Les trois hommes ont été inculpés par Mme Béatrice de Vallon, juge d'instruction du tribunal d'Ajaccio, de destruction de biens immobiliers, reconstitution de ligue dissoute, infraction à la législation sur les armes. M. François Santoni est en outre inculpé de violences et voies de fait pour l'attentat commis le 17 février à la caserne Grossetti à Ajaccio (*Le Monde* du 19 février). Ces deux actions avaient été revendiquées par l'ex-FLNC. *« Le Monde », 8 juin 1985.*

122. **B.** J'étais... j'habitais... appelait... appelle... il n'y avait pas... je me chauffais... je gelais... je devais aller... pour travailler... on a construit... j'ai pu... cela me paraissait/cela m'a paru... ce que j'avais connu... nous étions mal logés et nous n'avions pas... nous étions jeunes... n'accepteraient pas... que nous avons connues.

123. **C. 1.** Où est-ce que je pourrais bien passer la soirée?
2. Qui a bien pu me « chiper » mon dictionnaire?
3. A qui est-ce que j'ai bien pu confier ce dossier?
4. Avec qui est-ce que je pourrais bien aller au concert? **5.** Comment est-ce qu'ils ont bien pu entrer?
6. Je me demande pour qui il a bien pu voter?

126. **A. 1.** D'ailleurs je vous l'avais déjà signalé. **2.** D'ailleurs le médecin l'a interdit. **3.** D'ailleurs s'il fait beau il y aura foule partout. **4.** D'ailleurs vous pourrez le voir dans la presse demain.

127. **A.** *Quelques suggestions :* **1.** Je n'ai pas envie de voir ce film d'autant plus que j'ai entendu dire qu'il était mauvais. **2.** Je ne méritais pas un retrait de permis d'autant plus que je conduisais prudemment ce jour-là. **3.** Il faut que vous souteniez son club de foot d'autant plus que vous y avez appartenu. **4.** On se doit d'aider cette œuvre d'autant plus qu'on est sûr que l'argent parvient aux destinataires. **5.** Je suis sûr qu'il se souviendra de nous d'autant plus que Charles lui a montré un tas de vieilles photos sur lesquelles nous sommes. **6.** Je t'assure que je ne peux pas faire ça à Jean d'autant plus que je lui ai déjà fait le coup il y a huit jours.

128. **B. 1.** Je me suis fait raccompagner en voiture chez moi **2.** Elle (il) s'est fait remarquer par un producteur. **3.** Il (elle) s'est fait couper les cheveux. **4.** Il (elle) s'est fait inviter à la première de Faust. **5.** J'ai été pris(e) en flagrant délit de stationnement en double file. **6.** Il (elle) s'est fait renvoyer de son entreprise.

129. **B. 1.** J'ai peur qu'ils (n') aient un accident. **2.** Je suis ravie qu'elle soit là. **3.** Les serveurs ont hâte que nous finissions de dîner, que nous partions. **4.** Il était furieux qu'il fasse mauvais le jour de son mariage. **5.** Je me réjouis qu'on fasse une fête. **6.** Ma copine était contrariée que je sois en retard.

130. **B. 1.** A condition que cela ne te dérange pas trop. **2.** A condition que tu me répondes. **3.** A condition que vous ne le donniez à personne. **4.** A condition que vous en preniez grand soin. **5.** A condition que vous ne me fassiez pas attendre. **6.** A condition qu'elle soit réparée, que le garagiste ait terminé la réparation.

131. **A. 1.** Je crains qu'il ne fasse froid cette nuit. **2.** Tu es la seule personne qui me comprenne. **3.** Il faut absolument que j'aille chez le dentiste. **4.** Il est très rare qu'il y ait du soleil à cette saison. **5.** Y a-t-il quelqu'un qui ait son numéro de téléphone. **6.** J'ai la « frousse » qu'il n'y ait du verglas. **7.** Eh bien, que chacun prenne ses affaires et s'en aille. **8.** Je cherche un assistant qui ait beaucoup d'expérience de la gestion.

B. 1. Neutre. **2.** Inamical, presque agressif. **3.** Officiel et inamical. **4.** (Le plateau de télévision) officiel. **5.** Intime. **6.** Amical qui veut être intime.

132. *L'alternance :* allusion politique au passage alternatif au pouvoir de la droite et de la gauche. En 1981, la gauche revenait au pouvoir après 23 ans d'opposition. *Ne pas mâcher ses mots :* s'exprimer avec une franchise brutale. *Tourner au vinaigre :* tourner mal. *Ravaler :* retenir ses mots. *Boire les paroles de quelqu'un :* écouter avec attention et admiration. *Avoir des maux d'estomac :* avoir mal à l'estomac. *Avoir le dernier mot :* dominer ses contradicteurs.

134. 1. *Accident mortel dû à l'alcoolisme.* Après avoir brûlé un feu rouge, un chauffeur ivre est rentré à vive allure dans un véhicule qui arrivait sa droite. Le chauffeur de ce véhicule a été tué. Un alcootest a pu être effectué immédiatement. Le chauffard sera donc condamné pour un triple délit. **2.** *Lourd week-end pour le Président de la République.* Après avoir inauguré le salon de l'automobile, le Président de la République s'est rendu en avion à Cherbourg afin d'assister au lancement du dernier sous-marin atomique français l'*Inflexible*. **3.** *L'école de deux ans à dix-huit ans.* Après avoir annoncé que les écoles maternelles seraient ouvertes aux enfants de deux ans, le ministre de l'Éducation a affirmé que la scolarité serait prolongée jusqu'à dix-huit ans.

135. B. « Oui, c'est là que je suis né. » « C'est là que j'ai passé toute mon enfance. » « Oui, ma jeunesse, mon enfance. » « Jusqu'à dix-huit ans. » « Tu sais bien qu'il n'y a pas d'université au Havre. » « C'est à Rouen que j'ai fait mes études. » « Et c'est là que j'ai rencontré Isabelle. » « Oui, c'est là. »

137. 1. Ils parlent de la guerre, de l'horreur de l'arme atomique. **2.** C'est elle seule qui parle. Lui ne fait que répéter en leitmotiv qu'elle n'a rien vu. Elle parle de ce qu'elle a appris par des documentaires, des photos, des reportages. Il refuse de parler parce qu'il a vu les horreurs de la guerre. C'est tout le thème de l'oubli et du souvenir qui est mis en scène. Il se souvient de la réalité et il refuse d'en parler sans doute par pudeur parce que c'est trop horrible pour que l'on puisse en parler. Il y a une censure chez lui, sans doute un désir d'oublier, un tabou de la mémoire. C'est un refus d'exprimer en mots l'indescriptible. Chez elle, c'est le contraire. Il y a un flux verbal comme un désir d'effacer l'horreur par les efforts d'évocation et d'imagination. Il n'y a pas de lien entre ce qu'elle a vu et dont elle parle et ce qu'il a vu, qu'il revoit en souvenir et dont il refuse de parler : où est la réalité ? *On laissera les élèves parler librement du thème de l'arme atomique.* **3.** On trouvera l'expression de la conséquence à l'unité 12. **4.** Les élèves trouveront la poésie du texte dans les répétitions, les renforcements, le refrain.

139. C. *Voici le paragraphe qui a été supprimé dans le texte de Prévert :*
Depuis une heure trois quarts un gros monsieur parlait. Devant le gros monsieur, il y avait un pot à eau et un verre à dents sans la brosse et, de temps en temps, le monsieur versait de l'eau dans le verre, mais il ne se lavait jamais les dents et, visiblement irrité, il parlait d'autre chose, c'est-à-dire des dromadaires et des chameaux.

143. 1. A partir de. **2.** Depuis. **3.** Dans. **4.** Après. **5.** A partir de. **6.** Depuis. **7.** Au bout. **8.** Dans. **9.** Au bout de. **10.** Après.

145. B. 1. Si on lui avait donné… **2.** D'où il avait téléphoné. **3.** Il avait déménagé. **4.** Avait trouvé le temps d'écrire.

147. C. *Quelques possibilités :* **1.** Je vous prie de m'excuser de ne pas avoir répondu à votre lettre. **2.** J'ai complètement oublié, je suis vraiment navré. **3.** Je vous fais toutes mes excuses. Je suis impardonnable. **4.** Je suis vraiment confus, je suis obligé de déplacer notre rendez-vous. **5.** Je ne voulais pas vous faire de la peine. Je regrette d'avoir été si brutal(e). **6.** Je suis désolé, je ne le savais pas.

151. A. et B. 1. Le temps d'avaler un morceau, je repars au bureau. **2.** Le temps de faire le plein, je reprends la route. **3.** Le temps de téléphoner chez moi, je reviens à la réunion. **4.** Le temps que le garagiste fasse la réparation, nous pouvons prendre un pot. **5.** Le temps que le médecin arrive, on peut lui donner de l'aspirine. **6.** Le temps qu'ils prennent les billets, nous pouvons acheter des journaux.

153. 1. Signes de l'attente : *je n'imaginais plus rien, les nerfs tendus, je regardais sur le plafond du couloir bouger cette lueur qui marchait vers moi. Je n'attendais rien : la gorge serrée, je n'étais plus qu'attente ; cet instant d'attente et de tension pure.* **2.** Caractérisation de l'attente : *impatience, incertitude intense.* **3.** L'objet de l'attente : *lueur ; silhouette qui entra de profil ; les bras élevant un flambeau ;* une « *femme* », *une question, une énigme pure* (dont il ne connaît ni le nom, ni l'identité, ni le visage) ; *l'indécision d'un profil perdu ; une silhouette indistincte* (qui se déplace) *sur un fond obscur ; la ténèbre ; aux cheveux noirs ; la joue cachée par une ombre aux vêtements sombre.* **4.** Que représente-t-elle : le mystère de la femme, l'autre, l'inconnu, l'attente d'un premier contact amoureux, etc. (*Note :* Une brève rencontre amoureuse va avoir lieu, le lendemain matin le personnage repartira sans revoir la femme.)

155. B. 1. Je vous le prêterai dès que je l'aurai fini. **2.** Je viendrai dès que je serai prêt. **3.** Je vous apporterai le dossier dès que j'aurai fini mes comptes. **4.** Vous pourrez sortir dès que la fièvre sera tombée. **5.** Ils remettront l'électricité dès que la panne sera réparée.

156. B. 1. Le jour où il a neigé. **2.** Les jours où nous n'allons pas au bureau. **3.** Le jour où elle sera mieux installée. **4.** Le jour où il est allé dans les grands magasins. **5.** Les jours où je me couche tard. **6.** Le jour où on en aura les moyens.

157. A. 1. C'était sûr qu'elle échouerait. **2.** J'étais sûr qu'elle ne s'en souviendrait pas. **3.** C'était évident que les routes seraient encombrées. **4.** Le gouvernement avait prévu que les prix augmenteraient. **5.** On s'est demandé si les gens avaient compris les questions posées.

158. 1. Si on prenait un taxi ? **2.** Si on posait le problème au CE (comité d'entreprise) ? **3.** Si on lui parlait ? **4.** Si on écrivait au maire pour lui suggérer de créer un impôt pour les propriétaires de chiens ?

160. 1. Il aurait fallu leur téléphoner plus tôt. **2.** Il aurait fallu que je le lui signale. **3.** Il aurait fallu que j'aie le réflexe de l'appeler. **4.** Il aurait fallu que nous arrivions plus tôt.

163. A. 1. Verbes au futur : *sera, fera, frissonnera, auront pâlis, viendra, sera, se jouera, souriront.* **2.** Infinitifs et présents de l'indicatif : *être : je suis ; faire : je fais ; frissonner : je frissonne ; pâlir : je pâlis ; venir : je viens ; se jouer : je joue ; sourire : je souris.* **4.** « *complice de ma joie* » caractérise « *soleil* ». « *Parmi le satin et la soie* » est le cironstant de « *beauté* » (quand et où la beauté est-elle vue ?). « *Comme une haute tente* » caractérise « *le ciel* ». « *dans nos voiles* » est le circonstant de « *jouera* » (où l'air sera-t-il doux ?).

B. 1. Verbes au futur : *je partirai, j'irai, je marcherai, sera, je ne regarderai, j'arriverai, je mettrai.* **2.** Infinitifs et présents de l'indicatif : *Partir : je pars ; aller : je vais ; marcher : je marche ; être : je suis ; regarder : je regarde ; arriver : j'arrive ; mettre : je mets.*

164. **D.** *Quelques possibilités :* **1.** Si je peux me permettre de vous donner un conseil, ne parlez à personne de notre conversation. Que cela reste confidentiel entre nous. **2.** Si vous voulez un conseil, surtout ne bougez pas de chez vous le jour de la manifestation, la ville sera embouteillée. **3.** Si j'étais à votre place, j'irais voir un médecin. Vous ne pouvez pas rester comme ça, sans savoir ce que vous avez. **4.** Je n'ai pas de conseils à vous donner, mais je trouve que vous devriez examiner ce dossier avec plus de soin. Il contient des éléments d'information que vous semblez négliger. **5.** Si j'ai un conseil à vous donner, c'est de ne pas acheter cette marque d'appareil photo, c'est de la camelotte (*c'est de la camelotte :* ce n'est pas solide). **6.** Tu n'as pas à intérêt à prendre l'avion. Prends plutôt le train, tu iras plus vite. Pour des courtes distances, on n'a pas intérêt à prendre l'avion. **7.** Surtout, évitez de porter des poids lourds. Ce ne serait pas bon pour votre cœur. **8.** Il vaudrait mieux que vous le fassiez vous-même. Votre démarche sera mieux acceptée que si vous passez par un intermédiaire. **9.** Tu ferais bien d'aller chez le coiffeur. Tu as l'air d'un ours.

166. **1.** Que tout le monde prenne un verre et boive à la santé des jeunes mariés. **2.** Surtout, qu'on fasse attention à la moquette. **3.** Surtout qu'elle n'aille pas voir ce film. **4.** Qu'elle aille voir cette exposition. **5.** Qu'il n'oublie pas de m'apporter mon courrier. **6.** Qu'il prenne l'avion. **7.** Qu'il prenne un imperméable. **8.** Qu'il passe me voir.

167. **A.** **1.** Je vous assure que c'est vrai. Je l'ai vu la semaine dernière, il est en France, ça c'est sûr. **2.** J'affirme que cet homme est innocent. Il était en état de légitime défense. **3.** Franchement, tu pourrais téléphoner à ta mère. **4.** Je vous garantis que c'est du cuir véritable. Vous garderez ce sac pendant des années. **5.** Sans hésiter, je prendrais ce modèle en rouge. C'est celui qui vous va le mieux. **6.** J'insiste sur le fait que c'est lui qui a attiré l'attention du centre sur l'importance de cette affaire. Il faut reconnaître ses mérites. **7.** Il ne faut pas oublier qu'il a été malade tout l'hiver, c'est normal qu'il ne soit pas au courant de tout. Il est excusable. **8.** J'attire votre attention sur le fait que c'est la troisième fois en un an que cet appareil tombe en panne. Ça fait beaucoup pour un appareil neuf. **9.** Je souligne que j'accorde une grande importance à cette affaire. **10.** Il faut tenir compte du fait que vous ne l'avez mis au courant de rien. Comment vouliez-vous qu'il le sache ?

173. **1.** F. **2.** P.N. **3.** P. **4.** P.N. **5.** N.P. **6.** P. **7.** P. **8.** N. **9.** N. **10.** N.F.

177. **A.** **1.** Comment se fait-il que les autres ne soient pas là ? **2.** Comment se fait-il que mes bagages ne soient pas là ? **3.** Comment se fait-il que j'ai mis tant de temps ? **4.** Comment se fait-il qu'on ait compté ces deux déjeuners ? **5.** Comment se fait-il que les gangsters n'aient pas été retrouvés ? **6.** Comment se fait-il qu'on ne se soit pas aperçu qu'il manquait une personne.

178. **A.** **1.** Ce qui a provoqué une bousculade et des morts. / Si bien qu'il y a eu une bousculade et des morts. **2.** Ce qui l'a forcé à aller dans un parking payant. / Si bien qu'il a été forcé d'aller dans un parking payant. **3.** Ce qui lui a causé des ennuis avec la police. / Si bien qu'il a eu des ennuis avec la police. **4.** Ce qui a amené une détérioration des relations diplomatiques. / Si bien qu'il y a eu une détérioration des relations diplomatiques. **5.** Ce qui a entraîné des mutations de personnel. / Si bien qu'il y a eu des mutations de personnel. **6.** Ce qui a entraîné un développement des transports en commun. / Si bien qu'il y a eu un développement des transports en commun.

B. **1.** Ce qui l'empêche de se servir de cannes anglaises. / Si bien qu'il est empêché de se servir de cannes anglaises. **2.** Ce qui m'a empêché(e) de te rappeler. / Si bien que je n'ai pas pu te rappeler. **3.** Ce qui empêche de pousser plus loin certaines recherches scientifiques. / Si bien que certaines recherches scientifiques sont empêchées. **4.** Ce qui a empêché Police-Secours d'arriver vite. / Si bien que Police-Secours a été empêchée d'arriver vite. **5.** Ce qui l'a empêché de créer sa propre société. / Si bien qu'il a été empêché de créer sa propre société.

C. **1.** Le remplacement des journaux par le petit écran permettra de connaître le programme du cinéma local (on ne peut pas dire : *la connaissance du programme du cinéma local*, mais on peut dire : *la lecture*). **2.** L'élaboration de drogues raffinées permettra la programmation individuelle de l'état psychique désiré. **3.** L'utilisation de stimulations électriques entraînera la suppression de la douleur. **4.** L'utilisation de l'ordinateur permettra l'examen à distance des patients par les médecins. **5.** L'abaissement de l'âge de la retraite entraînera une augmentation du nombre d'emplois pour les jeunes. **6.** Le remplacement du pétrole par l'énergie nucléaire entraînera un abaissement (une diminution) de moitié du coût de l'électricité.

179. **1.** La modification du comportement, du caractère et des émotions sera obtenue au moyen d'opérations chirurgicales. **2.** L'atténuation, voire la suppression de la douleur seront (rendues) possibles / seront obtenues au moyen de stimulations électriques / grâce à des stimulations électriques. **3.** La revalorisation de la place du médecin de famille découlera de la mise en place de banques de données qu'il pourra consulter de n'importe quel endroit. **4.** L'objectif de la Météorologie Nationale pour 1986 est la prévision du temps sur une région précise six jours à l'avance. *Ou* : la prévision du temps sur une région précise six jours à l'avance est l'objectif de la Météorologie Nationale pour 1986. **5.** La principale préoccupation des bureaux d'études est l'économie qui vient en première position avant la sécurité et le confort. **6.** A la lumière de la crise, l'innovation est apparue nécessaire.

182. **A.** **1.** *Comparaisons entre la femme et la rose :* la fleur est traitée comme une femme ; éclose (épanouissement) ; sa robe de pourpre ; les plis de sa robe ; son teint ; ses beautés laissé choir ; votre âge fleuronne ; cueillez votre jeunesse. **2.** *Conseils :* cueillez votre jeunesse. *Arguments :* la beauté ne dure pas ; la nature est cruelle ; tant que la beauté dure, il faut en profiter.

Index

Les numéros renvoient aux exercices.

Références des documents, dessins et photographies

P. 5 : R.G. Everts (Rapho) — Pp. 7 et 12 : *Les Cahiers du Cinéma* — P. 17 : bibliothèque littéraire Jacques Doucet © by S.P.A.D.E.M. 1986 — P. 26 : J. Morell
(Kipa) — P. 31 : P. Guis (Kipa) — P. 34 : R. Maltête (Rapho) — P. 43 : dessin de
J.-L. Gousset — P. 49 : J. Minet (Kipa) — P. 52 : document P.T.T. — P. 53 : Syner-
gie K.E. pour le Club Méditerranée — P. 56 : Lipnitzki (Roger-Viollet) — P. 61 : dessin de J.-L. Gousset — P. 62 : Findus — P. 71 : collection Daniel Bouteiller —
P. 86 : R. Doisneau (Rapho).

*Nous avons cherché en vain les éditeurs ou les ayants-droit de certains textes ou illus-
trations reproduits dans ce livre. Leurs droits sont réservés aux Éditions Didier.*

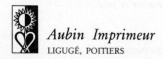
Aubin Imprimeur
LIGUGÉ, POITIERS

Achevé d'imprimer en décembre 1989
N° d'édition 3666 / N° d'impression L 33713
Dépôt légal décembre 1989 / Imprimé en France

Lydford Gorge

DEVON

A souvenir guide

THE NATIONAL TRUST

A RIVER RUNS THROUGH IT

Lydford Gorge is the deepest gorge in south-west England. Acquisition of the Gorge by the National Trust began in 1944. Thanks to gifts, bequests, funds raised locally and a Countryside Commission grant, the Trust now owns 116 acres of the valley, which cover the one and a half miles of its length.

Formation of the Gorge

The Gorge was cut by the melt waters of the last Ice Age, approximately 10,000 years ago. The River Lyd has continued this process, eroding and cutting more deeply into the rocks. From its source up on Dartmoor, in a shallow valley between Corn Ridge and Woodcock Hill, the river enters the Gorge just south of Lydford village, and lives up to its Anglo-Saxon name (Lyd means 'roaring stream') as it thunders through the tight channels of Devil's Cauldron and Tunnel Falls. Over many thousands of years, the river has eroded the Devonshire carboniferous slate, a process which continues to this day.

Geology in motion

The layers, or strata, of rock you can see in the Gorge would once have been flat and horizontal. They have been twisted, slanted and folded by earth movements that took place some 280 million years ago. This is the same event that formed the Alps – indeed, these formations could be thought of as Alpine 'ripples'.

There are three major rock formations – the Lydford, Liddaton and White Lady – within the Gorge. The White Lady is the deepest formation seen in the area, in which you'll see strongly deformed slates, marbles

Above The passage of water over time has cut deeply into the rock

Left Events occuring over millennia have resulted in the scenery you walk through today

and thin bands of quartzite. The Liddaton formation consists of approximately 100 metres of fine-grained metamorphic rock, dark grey to black in colour with occasional outcrops of limestone. In the Lydford formation you'll find dark grey to brown fine-grained metamorphic rocks with bands of whitish mica. There are outcrops of coarse-grained sandstone which contain large fragments of feldspar.

In the Gorge you can see features such as potholes at Tunnel Falls, which have formed as a result of the combination of the geology of the area and the erosive action of the river, and White Lady Waterfall, which is a classic example of river capture (see page 10).

Movements of people

Lydford Village has been a site of human occupation for centuries. The Gorge itself has long held an attraction to man, starting with its potential for defence. Later on, people were drawn by the more aesthetic aspects of Lydford.

Early reference to Lydford is found in a 10th-century list of fortified towns ('burhs') in the Saxon kingdom of Wessex. It was one of Devon's five boroughs and had a royal mint, striking Lydford Pennies from locally mined silver. In AD997 the prosperity of the area was threatened by the Vikings, as the Anglo-Saxon Chronicle records: 'Turning into the mouth of the Tamar (the Vikings) went up till they came to Lideford, burning and slaying everything they met'.

A Norman fort is now only visible as a grass-covered mound and represents the period in which Lydford was probably at the height of its importance.

In spite of its early prosperity, Lydford went into decline and by the 17th century it contained no more than 18 houses; by the early 19th century it was described as 'a ruined village'.

1865 saw a change in Lydford's fortunes with the opening of the Launceston and South Devon Railway. Farmers were able to transport animals and produce with ease, and the way was opened for tourists from Plymouth and further afield. In its first year, the railway carried 95,000 passengers and 19,000 tons of goods. In 1874, the London and South Western Railway reached Lydford. The Gorge was accessible to the public as never before and was placed firmly on the map as a popular tourist destination.

3

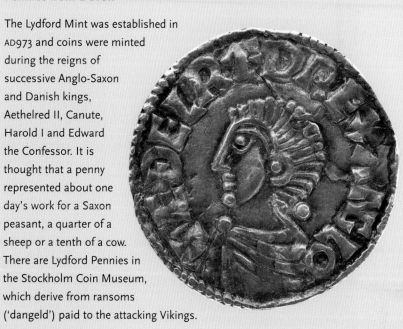

Pennies from Devon

The Lydford Mint was established in AD973 and coins were minted during the reigns of successive Anglo-Saxon and Danish kings, Aethelred II, Canute, Harold I and Edward the Confessor. It is thought that a penny represented about one day's work for a Saxon peasant, a quarter of a sheep or a tenth of a cow. There are Lydford Pennies in the Stockholm Coin Museum, which derive from ransoms ('dangeld') paid to the attacking Vikings.

WILDLIFE AROUND THE GORGE

Owing to the value of its outstanding biological and geological history, Lydford Gorge has been designated a Site of Special Scientific Interest (SSSI) by Natural England. Wildlife at Lydford is abundant and wide-ranging, arising from the specific conditions created by the combination of a steep-sided wooded valley and fast-flowing upland river.

Home to many

The Gorge is home to many birds such as **nuthatch**, **treecreeper**, blue tit and **great spotted woodpecker** (occasionally you will hear the call of the green woodpecker also known as the 'yaffle').

Mammals also find a safe place to live in the Gorge. You may not always see them, but badger, fox, mice (including **dormice**), red and roe deer, **stoat**, weasel, rabbit and grey squirrel all make their homes here. On very rare occasions, an otter has been seen in the Gorge, although it is more likely that you will come across a 'spraint' (otter dropping). This is recognisable by its distinctive smell – described by some as essence of jasmine tea.

In the late afternoon, the **pipistrelle**, our commonest species of bat, and the **greater horseshoe bat** may be seen feeding on gnats and other insects over the river.

The insect life within the Gorge can be found in large quantities. The dark, damp areas are home to some unusual snails and slugs (one of which is the 'two-toothed' door snail) and many species of beetle, including several species of **longhorn beetle**.

There are also areas in the Gorge that are perfect habitats for butterflies. The **speckled** wood, **gatekeeper**, **purple hairstreak** and the **silver-washed fritillary** can all be seen here.

The river itself is also abundant with wildlife. Brown trout are commonly seen in the deeper pools, as are eels and, in the late autumn, salmon leap up Tunnel Falls. Birds of the rocky streams and pools are the **grey wagtail** and the **dipper**, so called because of the way it bobs up and down, and if you are lucky you might catch a glimpse of a **kingfisher**. In the summer, **dragonflies** and damselflies dance just above the water, the sun catching their brightly coloured bodies.

To help you identify some of the residents of the Gorge, there is a spotter's guide to flora and fauna in the centre of this guidebook; all species appearing in bold are illustrated there.

Beginning the walk

As you begin the walk, it soon becomes apparent that you are entering ancient woodland. A great many trees were felled in medieval times to make way for farming and were used as building materials, but the steep terrain of the Gorge meant that the great oaks survived to form the woodland we see today. Sessile oak trees dominate the landscape, particularly on the upper slopes. (Sessile means 'sitting' and refers to the way the cups of the acorn sit directly on the twig rather than on the end of a stalk as in the English oak.) Amongst the oaks you will also find **beech**, **ash**, holly, sycamore and **hazel**.

At the beginning of the walk, you will see a very unusual plant, **skunk cabbage**. In the spring, they are made noticeable by their tall spikes of yellow flowers and rather unpleasant smell. These non-native plants have self-seeded from a garden, finding their way down the watercourse to the river. Other ground flora that can be seen include bramble, woodrush, creeping soft grass, ivy and common woodland ferns.

Near the start of the walk you may notice a large hole next to the path (just before the first bridge). This is one of many holes which form an extensive badger sett. It is very unlikely you will see a badger as they are nocturnal creatures, coming out only when it is quiet and nearly dark.

Top Badger (*Meles meles*)

Left Otter (*Lutra lutra*)

Opposite Roe deer hind (*Capreolus capreolus*)

5

Above Fallen, rotting trees are the perfect habitats for mosses and fungi

LAMBHOLE WOOD (from post 2 to 7)

Lambhole Wood is spectacular in the spring. A carpet of bluebells cascades down the valley to the river below. A strongly scented white flower also grows amongst the bluebells. This is wild garlic, otherwise known as ransoms.

On the higher banks adjoining the farmland, the **early purple orchid** can be found in very early spring. The rich soil and the damp environment in this area create a perfect habitat for many wild flowers including **opposite-leaved golden saxifrage**, **greater stitchwort**, hemlock, water dropwort, **herb Robert**, meadow sweet, **dog's mercury**, red campion, creeping buttercup and **lesser celandine**. Other woodland plants that can be seen here are wood sorrel, sweet woodruff, primrose, hart's tongue fern, soft shield fern

and pink purslane (this is a North American species that has been introduced to this area).

Along this part of the Gorge you may see that a number of the fallen trees have been left on the slopes. These have been left to create natural habitats for invertebrates and fungi. The dung beetle is a common sight along the path during the summer, and these dead trees are home to many other beetles and invertebrates, including soldier and **longhorn beetles**, brown snails and fungus beetles.

Dead, standing trees have also been left in the woodland to create nesting and feeding habitats for **woodpeckers**, **treecreeper** and **nuthatch**.

Below Drifts of bluebells in Lambhole Wood

WATERVALE WOOD (from post 7 to 12)

Watervale Wood leads on from Lambhole Wood, as do the drifts of bluebells and wild garlic in the spring. At other times of the year, the ground is carpeted with greater woodrush, the leaves of which look very similar to the bluebell. Primroses also cluster in large cushions on the banks, in contrast to the delicate **dog violets** that nestle close to the ground. **Wood anemones**, wild strawberries, bugle, wild angelica and **wood avens** can also be seen under the cover of the trees. The trees in this wood are also home to numerous birds including **treecreeper**, **nuthatch**, wren, **woodpecker** and buzzard.

The substantial tree cover, together with the moist and humid microclimate, makes the Gorge an ideal environment for lichen and mosses, both for species which grow on wet rocks and those that prefer trees. Lydford is nationally important for rock lichens and because of this, the abundance of other flora and fauna, and its geology, the Gorge is designated as a Site of Special Scientific Interest (SSSI).

Along this section look out for the boundary stone with a back-to-front 'S' on it; boundary stones were used to mark parish boundaries.

The climb up the steep steps at the end of Watervale Wood leads you to the River Burn. This small moorland river flows under the wooden bridge and then becomes White Lady Waterfall.

Right Wild garlic grows thickly underfoot, and under your nose!

WESTFORD WOODS (from post 13 to 15)

Along the paths to the Waterfall, long and easy or short and steep, species include common cow-wheat, **wood spurge**, columbine, cowslip and **common dog violet**. In the spring you may also spot the bright yellow flower of the Welsh poppy. This area is also home to the rare lesser horseshoe bat. This area has both **hazel** and honeysuckle making it an ideal area for **dormice**.

An alternative walk to the Waterfall is to go under the old railway bridge up the slope and take the path to the left, the old Great Western Railway (GWR) line. The South Devon Railway Company brought steam to Lydford Junction in 1865. With its large sidings, the Junction saw its heyday in the 1940s. It was closed in 1965. Today the area provides a variety of natural wet and dry habitats, which support animals such as lizards, butterflies, deer and birds as well as plant life including ferns, mosses and wildflowers. There is a bird hide located towards the end of the railway path, in which you can rest a while and watch the woodland birds. Take the path on the right zigzagging down through mixed woodland. At the bottom of the long and easy path there is some evidence of mining activity. You can see old streaming workings on the opposite river bank. In the spring the bank is carpeted in bluebells.

Just along the bottom of the long and easy path, walking towards the base of the waterfall, in the bank on the right hand side there is a tunnel with a grid across it. This tunnel is the entrance to an old exploratory silver mine. Today it is home to the **greater horseshoe bat**.

The Gorge only played a minor part in the production of tin, but Lydford Castle adopted a major role in the bureaucracy of the tin industry. In 1195, a stannary (relating to tin) court and gaol, collectively known as Lydford Castle, were established. In this period Dartmoor's tin production, mainly pewter for domestic vessels, exceeded that of any European country.

Above Judge Jeffreys, infamous for his work on behalf of James II in the 17th century, is reputed to have sat in judgement at Lydford Castle

Left This species, rare in Britain, is easily identified by the flap of horseshoe-shaped skin around its nostrils

'the most annoious, contagious and detestable place wythin this realme'

The Castle quickly acquired a reputation for evil, and became a by-word for rough justice, as recorded in an early 17th-century poem:

I oft have heard of Lydford Law
How in the morn they hang and draw
And sit in judgement after

Left Lydford Castle (not National Trust)

WHITE LADY WATERFALL

This famous waterfall is the highest natural waterfall in south-west England, falling 27.2 metres (90 feet) down the cliff face. There are many different myths and legends surrounding the White Lady, but the best known claims that any person who falls into the Lyd and sees a woman in white with long flowing tresses will not drown. Many of these stories date from the Victorian era, when tourism really began to develop here with the introduction of the railway. It was thought of as a romantic spot to visit and even today this waterfall has been voted one of the most romantic locations in the West Country.

White Lady Waterfall is also a very important geological site, as a textbook example of river capture. Some 450,000 years ago, the River Lyd captured the less powerful River Burn. In the process, the Lyd changed course and eroded the river bottom more swiftly than its captured tributary, leaving the latter 'hanging' above the Gorge as the waterfall.

The Waterfall will often appear as a gentle flow of water over the cliff face, but a long spell of rain can turn her into a raging torrent, more than doubling in width and hitting the large boulder at the base. The force of the water creates a wind, which blows the spray into a fine mist helping to maintain the damp atmosphere needed for some of the plant life here. This includes a variety of mosses, **pennywort** and hart's tongue fern. **Dippers** and **grey wagtails** can often be seen flying low over the river, along with less commonly seen **kingfisher**. Inhabitants of the river are brown trout, salmon (in the late autumn), river limpets, mayfly, stone fly, **golden ringed dragonflies** and damselfly nymphs.

River capture

River capture, in geological terms, is an event in which one river or stream captures or intercepts part of another. River captures are natural rather than man-made events. A variety of mechanisms can cause river capture, but the two most common causes are geological, or tectonic, earth movements and erosion, where the course of a river moves sideways or its headwater cuts down and backwards, and eventually cuts into the course of another.

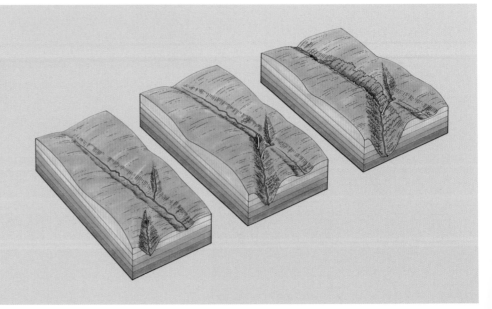

Above A Victorian portrait of White Lady Waterfall

Left The White Lady today

A SPOTTER'S GUIDE TO LYDFORD GORGE

Stoat
Mustela erminea

Dormouse
Muscardinus avellanarius

Pipistrelle bat
Pipistrellus pipistrellus

Greater horseshoe bat
Rhinolophus ferrumequinum

Common kingfisher
Alcedo atthis

Great spotted woodpecker
Dendrocopus major

Common treecreeper
Certhia familiaris

Grey wagtail
Motacilla cinerea

Nuthatch
Sitta europaea

Dipper
Cinclus cinclus

Longhorn beetle
Strangalia maculata

Golden ringed dragonfly
Cordulegaster boltonii

Speckled wood butterfly
Pararge aegeria

Gatekeeper butterfly
Pyronia tithonus

Silver-washed fritillary
Argynnis paphia

Purple hairstreak
Quercusia quercus

Common dog violet
Viola riviniana

Early purple orchid
Orchis mascula

Pennywort
Umbilicus rupestris

Greater stitchwort
Stellaria holostea

American skunk cabbage
Lysichiton americanus

Lesser celandine
Ranunculus ficaria

Wood anemone
Anemone nemorosa

Wood spurge
Euphorbia amygdaloides

Opposite-leaved golden saxifrage
Chrysosplenium oppositifolium

Herb Robert
Geranium robertianum

Wood avens
Geum urbanum

Dog s mercury
Mercurialis perennis

Hazel catkins
Corylus avellana

Ash leaves
Fraxinus excelsior

Beech leaves
Fagus sylvatica

European larch cones
Larix decidua

OLDCLEAVE WOOD (from post 17 to 19)

As you leave the Waterfall behind, the path takes you through Oldcleave Wood. The most common tree here, as you might expect, is the oak. The preservation of much fallen wood creates the specific environment suited to species of fly, beetle, snail and slug, which breed in rotting wood. In this habitat click-beetles, darkling beetles, fungus beetles and the larvae of snake-flies thrive. Under the bark may be found the bizarrely named 'two-toothed' door-snail.

Along this stretch of the path, on the left-hand side, is another mine adit (or drainage channel).

TUNNEL FALLS (from post 19 to 20)

Tunnel Falls is a series of potholes formed by the erosive action of sediment carried by the Lyd. To begin with, a piece of rock became loose and was carried away by the river, leaving a hollow. Then the water rubbed trapped fragments of rock against the sides of the hollow, whirling them round and round, wearing the bottom of the hollow down and forming the pothole.

As you look across the river to the opposite side of the Gorge, you can just make out the old path along the river. The existing flights of wooden steps and bridges were constructed in the early 1990s to give visitors a better view of the potholes and falls.

Tree cover in this area is generally thinner, promoting a different ground flora. Amongst the greater woodrush can be found bilberry, heather and lady fern. High above is Raven's Tor, aptly named as ravens use the Tor as a nesting site. In the late autumn, salmon may be seen leaping up through Tunnel Falls to reach the quieter waters of Pixie Glen.

Left Tunnel Falls with the tunnel, after which it was named, in view

Right Tunnel Falls today

Opposite Oldcleave Wood

PIXIE GLEN (from post 24 to 26)

Pixie Glen is one of the widest parts of the river and the Gorge. As the river is slower-moving at this point, birds such as **grey wagtails** and **dippers** feed on insects here. The **dipper** will dive under the water looking for insects hiding in the stony river bed. Even in the autumn the river flows more slowly here, allowing the salmon, once they have negotiated Tunnel Falls, to spawn in the shallow gravel. The water quality in the Lyd is high and its water very clear, but at times the water will appear very brown with large amounts of white foam floating on the surface. This happens when there has been heavy rainfall on the moor where the river rises. The peat from the river banks gets mixed into the water and turns it a dark brown colour. The foam is also part of this process.

Further on in Pixie Glen a rest area has been provided to left of the path. This allows visitors to the Gorge to pause and take in the beauty of their surroundings before continuing on the walk to Devil's Cauldron, which can be heard rumbling in the distance. Some of the non-native trees have been removed to allow native trees to develop here. The **larches** which stand close to the river are some of the tallest trees in the Gorge, reaching heights of 40 metres (131 feet). A common sight at this point in the Gorge is the buzzard circling over head.

At the top of the steep bank rising up behind this area is the site of the old Norman fort and the edge of the village of Lydford. This was a good, strong defensive position for the fort, which meant any enemies that came upstream would have a steep climb before they could attack the town. Because of this geographical position, Lydford became a very important settlement equal to Barnstaple, Totnes and Exeter during Saxon times.

Opposite The tranquillity of Pixie Glen

Left The buzzard (*Buteo buteo*) is one of the UK's commonest birds of prey

DEVIL'S CAULDRON (from post 26 to 27)

After the tranquillity of Pixie Glen comes the complete contrast that is Devil's Cauldron. (Make sure, as you cross the bridge, that you look into the large pools to catch a glimpse of some large brown trout.) The river narrows into another deep, dark ravine with dripping rock faces. The noise of the river thundering down the narrow ravine is an indication of its erosive power. After descending down the narrow pathway, you access the walkway suspended over the river and look down into the Cauldron. The water flows into this pothole with such force that the water appears to boil. Over many years the potholes have been formed by stones and sediment continually polishing and eroding the rock. The water in the Cauldron is normally approximately 3 to 4.5 metres (10 to 15 feet). After heavy rainfall, the river level can rise by as much as 3 metres, closing the Cauldron to visitors. Mosses and ferns particularly like this damp, dark, humid environment.

The walkway into the Cauldron has gone through many changes over the years. One of the first walkways was a swinging plank suspended on two chains and no hand rails! This one and subsequent constructions have all suffered from the force of the river; we hope that the platform currently in use will last a good few years. Each winter, the platform is taken up to allow the river and any large debris access through the narrow channel.

As you leave the Cauldron, you can continue your walk under the road bridge. This platform was renewed in the late 1990s. The new walkway replaced the old railway rails construction that was rusting away and becoming unsafe. It is not just our walkways that go through changes. If you look at the road bridge above, you will be able to see additions to the original medieval structure. To one side of the road bridge was the old entrance to the Gorge. Visitors had to follow a narrow path down the bank to the path under the bridge. Just under this bridge you will often see coins which have been thrown into the river for good luck.

Right Early visitors had a far more perilous viewing platform

Opposite Devil's Cauldron seethes as dramatically today as it did for those first visitors

TO TUCKER'S POOL

(from post 27 to 30)

You can extend your walk by continuing on to Tucker's Pool, a quieter part of the Gorge after the deafening intensity of Devil's Cauldron. As you walk along to Tucker's Pool, you will notice how the Gorge opens out and the river becomes more tranquil.

Along the path to Tucker's Pool you may notice more holes or tunnels in the rock. These are thought to be the beginnings of exploratory mine adits similar to the one near to the Waterfall. There may be more which over the years have become covered in undergrowth.

There is an alternative explanation for this network of tunnels that has to do with a peculiar passage in Devonian folklore. Legend has it that, in the 16th-century, the Gorge was home to a family of outlaws known as the Gubbinses, described as short and stocky with red hair. They were led by Roger Rowle, the 'Robin Hood of the West'. The Rev. Sabine Baring-Gould, famous as the author of *Onward Christian Soldiers* and other stirring hymns, tells how the Gubbinses survived by 'stealing sheep and cattle, and carrying them into the labyrinth of glens where they could not be traced.'

Back to the present day, the village of Lydford is high above you on the opposite bank. Brown trout can often be seen in the Pool as they break the surface of the water. If you are lucky, you may also spot a **kingfisher** in this part of the Gorge.

Opposite Tucker's Pool – a villain's hideout?

The Gubbinses

'They live in cotts (rather like holes than houses) like swine, having all in common, multiplied, without marriage, into many hundreds. Their language is the drosse of the dregs of vulgar Devonian: and the more learned a man is, the worse he can understand them. Their wealth consists of other men's goods and they live by stealing sheep off the moor. Such their fleetness they will out-run a horse. They hold together like burrs, offend one and all will revenge his quarrel.'

Thomas Fuller, *Worthies of England* (1644–7)

21

INSPIRED BY NATURE

In the late 18th century, fashionable society's taste was for the picturesque and the passage of the River Lyd through the Gorge perfectly reflected the new definition of natural beauty. Artists and tourists would make watercolour sketches from nature, using the medium almost as the camera is used today.

At this time young Englishmen would aspire to complete their education with travel in Europe. The White Lady drew comparisons with other famed waterfalls on the Continent and wasn't found wanting. *Rural Elegance*, published in 1768, proclaimed:

This wonderful fall of water fills the air all around at the bottom with such an atmosphere of aqueous particles, that a person finds himself in a mist, as it were, in his approach;… It is reported, that travellers, who have seen this cataract, have allowed it to equal at least, if not exceed any one they ever met with aboard.

Contemporary accounts were at pains to convey the excellence of the scenery:

The grey tint of the rocks, the empurpled heath, white moss, green fern and birchwood, with every autumnal die, the sides of the rock near the water of a dark iron black, contrasted with the dashing waters all in foam – the happiest effect.

From the 1790s, the Napoleonic Wars brought a temporary halt to travel on the Continent and English society had to find inspiration in its own countryside.

Right A Crown Derby vase, *c.*1830. The fashion for the picturesque was also followed in the applied arts

Thomas Girtin, who, with Turner, revolutionised watercolour technique in the 1790s, visited the West Country in 1797, 1800 and perhaps in 1801, and painted watercolours of the area. Lydford features in Girtin's work as a typical representation of the picturesque. Another famous artist who painted Lydford was Richard Wilson.

Painters continued to come to Lydford Gorge in the 19th century, notably the prolific local artists William Widgery and his son Frederick, who lived in the building that is now Lydford House Hotel. (The Jubilee Cross near the village is called 'Widgery' because it was erected by William for Queen Victoria's Golden Jubilee in 1887.)

Lydford Gorge features in many stories that have enhanced its reputation over the years. There are numerous tales of the perils of the Lyd at the point at which it flows through the Gorge.

One tells of a traveller riding through the night in a terrible storm, who urged his horse across the Gorge at the point where he knew the bridge to be, only to discover, on reaching the local inn that the bridge had been almost completely swept away by the swollen river. Later on seeing the terrifying chasm leapt by his horse in the dark, the traveller collapsed in a dead faint.

Charles Kingsley's *Westward Ho!*, published in 1855, featured the stories of the Gubbinses, a family of outlaws said to have inhabited the Gorge in the 16th century, and led by Roger Rowle, the 'Robin Hood of the West' (see page 21).

Right A romantic depiction of the road bridge above Devil's Cauldron

GORGE GUARDIANS

The Lydford Gorge estate was bequeathed to the National Trust by the squire of the parish, H.T. Radford, in 1943. When the National Trust opened the Gorge to the public in 1947, initially only White Lady Waterfall was accessible. By 1949 another entrance was created by the road bridge, allowing visitors to view Devil's Cauldron. The main entrance and top path opened in 1969 and work has been going on ever since to keep the Gorge accessible to all.

Access all areas

Any work carried out in the Gorge can be time-consuming with all materials and tools having to be carried into the Gorge. The wardens use harnesses and ropes to reach difficult spots along the steep sides of the Gorge. This is often to reach fallen trees which need repositioning on slopes to make them safe so they don't fall further on to the path below. Without this constant and ongoing management of the Gorge, access could become restricted and difficult for visitors.

Nature's classroom

One of the Trust's aims is to inspire, enthuse and involve our supporters and to nurture their interest in what we do. This can start at a young age. At Lydford Gorge we run a Guardianship Scheme with the local primary school. The schoolchildren visit the Gorge once a month to undertake a range of practical activities that support the national curriculum, get involved in environmental and conservation work, and to build awareness, interest and a sense of responsibility for their environment. In this way, we hope to reach the guardians and conservationists of the future.

Left A volunteer warden winches a fallen tree up the side of the Gorge above Tucker's Pool